Monta[illegible]

CW01669634

Essais
« Des cannibales »
« Des coches »

texte original

présentation et traduction
par Michel TARPINIAN

ellipses

EDITION MARKETING
EDITEUR DES PREPARATIONS
GRANDES ECOLES MEDECINE
32, rue Bargue 75015 PARIS

ISBN 2-7298-4414-7

PRÉFACE

« Les difficultés, si j'en rencontre en lisant, je n'en ronge pas mes ongles »

« TRADUIRE » MONTAIGNE ?

Jean Prévost donnait ce conseil aux lecteurs de sa biographie de Montaigne : « Allez donc au texte même, et que ce livre ne fasse qu'y mener ». C'est précisément ce que permet la présente édition « bilingue », offrant **à la fois le texte original et sa traduction**. On y trouvera l'occasion d'un va et vient stimulant pour l'esprit et susceptible d'exploitations pédagogiques – et critiques – variées.

Cela dit, les objections que l'on peut faire à toute tentative de traduction ou d'adaptation des *Essais* de Montaigne[1] sont connues et estimables. Je connais, j'estime et, dans une certaine mesure, je partage ces réticences.

De quoi s'agit-il alors ici ? J'ai voulu faire, à l'échelle des deux chapitres des *Essais* proposés au programme de l'épreuve de lettres en classe de Terminale L pour l'année 1994-1995, ce que j'aurais bien voulu que l'on fît lorsque le lycéen que j'étais, se heurtant aux difficultés de lecture d'une œuvre dont le ton et le fond pourtant le séduisaient, se contentait trop souvent des morceaux choisis de son Lagarde et Michard...

Est-ce faire injure aux lycéens d'aujourd'hui que de leur offrir un accès moins ardu à un texte qui a beaucoup à leur dire, mais dont la réception risque d'être brouillée et dont la formulation risque de susciter des stratégies d'évitement très regrettables ?

Sur cet objectif reposent les **trois partis pris** qui ont guidé ce travail.

---

1 La seule adaptation intégrale en français moderne est celle d'André Lanly parue en 1989 aux éditions Champion.

Le **premier** fut de ne modifier le texte original qu'autant que cela semblait nécessaire pour en faciliter une lecture compréhensive. Principe qui, à chaque moment de la « traduction », fait se lever doutes et hésitations. Les choix opérés sont par définition subjectifs, mais ils ont été guidés par le souci de répondre aux compétences linguistiques de ceux auxquels s'adresse ce texte. Il en résulte un produit sans doute hybride, dans une certaine mesure même « maladroit » (comme on le dit aujourd'hui de certaines des anciennes traductions de la vénérable collection Budé), cette « maladresse » – assumée – tenant à la cohabitation dans une même coulée textuelle d'éléments conservés et d'éléments modifiés. De fait, il ne s'agissait pas d'aboutir à une « belle infidèle », mais d'éliminer, de façon empirique et discrète, les opacités syntaxiques et lexicales propres à décourager le lecteur.

Le **second** parti pris a été d'attenter le moins possible aux « macrostructures » du texte : asyndètes, rythme et organisation de la phrase, du paragraphe ou de l'enchaînement des paragraphes, ordre des mots, caractéristiques syntaxiques générales (par exemple l'usage – latin – des participes présents ou passés ou des subjonctifs imparfaits). La langue de Montaigne peut, à ce niveau, susciter parfois un sentiment d'étrangeté, mais elle n'offre pas d'obstacle à la compréhension.

Ce sont donc d'abord – **troisième parti pris** – les phénomènes de micro-syntaxe et le lexique qui ont été les principaux objets de la traduction. Les prépositions fournissent un abondant exemple du premier cas. Quant au lexique, chaque lecteur pourra juger de la pertinence des modifications proposées. Fallait-il remplacer, comme cela a été fait, « tourment » par « torture » ? « balbutie » par « balbutiements » ? « déportements » par « conduite » ? Aurait-il fallu substituer « avec bienveillance » à « bénignement » ? « supporter » à « soutenir » ? « filets » à « rets » ? On a voulu limiter, mais pas forcément proscrire le recours au dictionnaire (ou à l'étymologie). De plus, lexique et index viennent fournir, en fin de volume, les compléments d'information nécessaires.

Ajoutons que les citations (entre guillemets) ont été traduites d'une façon plus littérale que littéraire, et, cela va de soi dans la perspective qui était la nôtre, que l'orthographe a été intégralement – et sans scrupules – modernisée.

SOMMAIRE

BIOGRAPHIE

« Je propose une vie basse et sans lustre »

Vie de Montaigne		Circonstances politiques en France	
28 fév. 1533	Naissance de Michel de Montaigne, fils de Pierre Eyquem et Antoinette de Louppes (qui mourra en 1601)	1515-1547	Règne de François Ier (1515-1544 : Guerres contre l'Italie)
1533-1539	Éducation libérale inspirée des principes d'Érasme. Montaigne apprend le latin.	1533	Mariage du futur Henri II, fils de François Ier et de Catherine de Médicis
1539-1547	Études au Collège de Guyenne à Bordeaux, l'un des meilleurs de France. Montaigne s'y sent à l'étroit. Il y lit beaucoup	1534	Affaires des Placards et début d'une politique anti-protestant.
1547-1557	Période mal connue. Peut-être études de droit à Toulouse. Séjour à Paris	1547-1559	Règne d'Henri II qui meurt d'un coup de lance dans l'œil au cours d'un tournoi
1557	Montaigne est nommé conseiller à la Cour des Aides de Périgueux, puis à la Chambre des Enquêtes du Parlement de Bordeaux		
1558	Rencontre avec son collègue Étienne de La Boétie, début d'une amitié profonde	1559-1560	Règne de François II, fils aîné d'Henri II et de Catherine de Médicis, époux de Marie Stuart, mort à seize ans sans enfant
1563	Mort stoïque de La Boétie		
1565	Mariage avec Françoise de La Chassaigne, fille d'un collègue de Montaigne. Six filles naîtront de ce mariage ; une seule, Léonor, vivra (jusqu'en 1616).	1560-1574	Règne de Charles IX, deuxième fils d'Henri II et de Catherine de Médicis. Monté sur le trône à dix ans, il régna d'abord sous la tutelle de sa mère. Marié à Élisabeth d'Autriche
1568	Mort de Pierre Eyquem qui laisse à ses fils une solide fortune. Montaigne traduit du latin la *Théologie Naturelle* du théologien catalan Raymond Sebon(d).	1559-1562 1562-1598	Graves troubles religieux en Guyenne Huit guerres civiles, dites « de religion » (1562-63 / 1567 / 1568-70 / 1572 / 1576 / 1577 / 1580-81 / 1585-98)
1571	Montaigne vend sa charge de magistrat et « se retire » dans son château. Il fait publier à Paris diverses œuvres de La Boétie. Sa vie se partagera désormais entre lecture, écriture et voyage (pour raisons personnelles ou officielles).	24 août 1572	Massacre de la Saint-Barthélémy
1573	Montaigne est nommé gentilhomme de la Chambre du roi		

1576-1580	Écriture d'une trentaine de chapitres des deux premiers livres des *Essais*	1574-1589	Règne d'Henri III, troisième fils d'Henri II et Catherine de Médicis, assassiné par le moine Jacques Clément
1577-78	Premières atteintes de la maladie de la pierre (ou gravelle)	1576	Création de la Sainte-Ligue, conduite par la famille des Guise et contestant l'autorité royale
1577	Henri de Navarre nomme Montaigne gentilhomme de sa Chambre		
1580-1581	Voyage en Suisse, Allemagne et Italie. Le *Journal de voyage en Italie* ne sera publié qu'en 1774		
1581-1585	Montaigne est élu deux fois de suite (honneur rare) maire de Bordeaux		
1584	Première visite d'Henri de Navarre à Montaigne		
1585	Après avoir fui la peste avec sa famille, Montaigne revient chez lui et reprend ses *Essais*	12 mai 1588	« Journée des Barricades » à Paris, manifestation en faveur du duc de Guise
1588	Séjour à Paris pour faire éditer les trois livres des *Essais*. Montaigne est emprisonné quelques heures pour des raisons politiques. Rencontre avec Marie de Gournay qui deviendra sa « fille d'alliance »	1588	Henri III fait assassiner le duc de Guise
13 sept. 1592	Montaigne meurt dans son château.		
		22 mars 1594	Entrée d'Henri IV à Paris
		27 juillet 1594	Couronnement d'Henri IV
		13 avril 1598	Édit de Nantes règlementant la pratique du culte protestant

ÉTAPES DE LA CONQUÊTE ESPAGNOLE

« Notre monde vient d'en trouver un autre »

	Dates	Étapes et circonstances
AMÉRIQUE CENTRALE	1492	Premier voyage de Chistophe Colomb (envoyé par Isabelle de Castille) (Bahamas, Cuba, Haïti).
	1493	Le pape divise le monde entre la couronne de Portugal et celle de Castille à laquelle est attribuée, en vue d'une évangélisation, l'exploration de toutes les terres situées à l'ouest d'une ligne tracée de pôle à pôle.
	1493-1496	Second voyage de Christophe Colomb (Dominique, Guadeloupe).
	1494	Cette ligne est fixée (par le traité de Tordesillas) à 450 lieues du Cap-Vert, le Brésil, découvert en 1500, se trouvant ainsi dans la zone attribuée au Portugal.
	1495	Fondation du port de Saint Domingue.
	1498	Troisième voyage de Christophe Colomb (La Trinité, côte du continent américain).
	1502-1504	Quatrième voyage de Christophe Colomb (côtes du Hondura, Jamaïque).
	1508-1514	Conquête des Antilles (Porto-Rico, Jamaïque, Cuba).
	1514	Fondation de La Havane.
	1517-1519	Expéditions au Yucatan.
	1519	Expédition de Cortés (envoyé par Charles-Quint) au Mexique, jusqu'à Mexico, capitale de l'empire Aztèque dont l'empereur est Montezuma (qui sera tué par un de ses sujets).
	1520-1521	Siège de Mexico, qui se rend le 13 août 1521.
	1522	Conquête (partielle) du Nicaragua.
	1523-1524	Conquête du Guatemala.
AMÉRIQUE DU SUD	Janvier 1531	Début de l'expédition de **Francisco Pizarro** (envoyé par Charles-Quint) vers le sud, depuis Panama.
	15 nov. 1531	L'empereur **inca** Atahualpa est attiré dans un guet-apens par les Espagnols. Malgré une rançon évaluée à 88 m3 d'or, il est brûlé vif.
	1533	Prise de la ville sacrée de Cuzco (Pérou).
		Prise de la ville de Quito (Équateur).
	1536-1538	Conquête de la Colombie.
		Soulèvements incas conduits par le chef inca Manco qui ne parvient pas à reprendre Cuzco.
	1535-1553	Conquête du Chili.
	1535-1541	Conquête de l'Argentine et du Paraguay.
	1541	Exploration du fleuve Amazone.
	1542	Las Casas (1474-1566) publie sa *Très brève Relation de la destruction des Indes* pour dénoncer les abus de la conquête
	1580	Fondation de Buenos-Aires.

INTRODUCTION

« Le charmant projet que Montaigne a eu de se peindre... » (Voltaire)

APPROCHE DES *ESSAIS*

« L'an du Christ 1751, âgé de trente huit ans, la veille des calendes de mars, anniversaire de sa naissance, Michel de Montaigne, las depuis longtemps déjà de sa servitude du Parlement et des charges publiques, en pleines forces encore se retira dans le sein des doctes vierges, où, en repos et sécurité, il passera les jours qui lui restent à vivre. Puisse le destin lui permettre de parfaire cette habitation des douces retraites de ses ancêtres qu'il a consacrées à sa liberté, à sa tranquillité, à ses loisirs. » (déclaration en latin que Montaigne fit peindre sur l'un des murs de sa bibliothèque)

Les *Essais*, œuvre-phare du XVIe siècle, sont un texte énigmatique à bien des égards : « consubstantiel à son auteur », nourri de ses lectures (l'identification des sources représente à elle seule tout un pan des études montaigniennes), de ses expériences – mais vibrant des résonances de l'époque ; texte singulier et universel ; texte polyphonique... Contentons-nous ici, face aux innombrables questions qu'ils suscitent, d'entrouvrir sur les *Essais* deux perspectives qu'il appartiendra à chacun de prolonger. À quoi devons-nous les *Essais* ? Comment rendre compte du sentiment de désordre organisé ou d'unité éclatée qui saisit le lecteur devant cette œuvre à l'architecture baroque ?

Pourquoi les *Essais* ?

Plusieurs raisons peuvent expliquer la décision prise par Montaigne, et solennellement inscrite sur l'un des murs de sa bibliothèque (sa

« librairie »), de se retirer « dans le sein des doctes vierges » (c'est-à-dire des Muses) et d'écrire…

Lassitude…

D'abord (ordre de présentation, et non d'importance), la lassitude des fonctions officielles, peut-être motivée par des ambitions déçues ou du moins, comme on dirait aujourd'hui, par des « perspectives de carrière » limitées. L'ambition se déplace ainsi du terrain public et politique (que Montaigne n'abandonnera cependant jamais tout à fait, et auquel il reviendra en tant que maire ou diplomate officieux) vers le terrain privé et littéraire.

Mélancolie et amitié…

On peut ensuite invoquer l'humeur qui naît de cette solitude. Montaigne nous livre en effet : « C'est une humeur mélancolique (…), produite par le chagrin de la solitude en laquelle il y a quelques années que je m'étais jeté, qui m'a mis premièrement en tête cette rêverie de me mêler d'écrire » (*Essais*, II, 8). De fait, la critique récente s'est plu à nuancer l'image traditionnelle d'un Montaigne aimable et serein en soulignant les traits d'angoisse, voire de folie, qui marquent une personnalité complexe et tourmentée. Quant à ce « chagrin de la solitude » dans laquelle Montaigne s'est « jeté », il trouve probablement son origine dans le choc provoqué par la mort de La Boétie, choc dont les ondes ne cesseront d'agiter l'âme et l'écriture d'un Montaigne inconsolable. Écrire est alors une façon de poursuivre le dialogue interrompu par la perte de « l'ami le plus doux, le plus cher et le plus intime ». Les *Essais*, travail de deuil de Michel, ou « tombeau » d'Étienne… On pense d'ailleurs – Michel Butor a proposé une ingénieuse hypothèse à ce sujet (voir bibliographie) – que le premier livre devait s'organiser autour du traité sur la *Servitude volontaire* de La Boétie, texte que (pour des raisons politiques) Montaigne renonça à publier. La fidélité scrupuleuse dont il témoigna pour faire éditer par ailleurs certains ouvrages que son ami lui avait confiés tendrait à confirmer l'idée d'une dette morale dont Montaigne se sentait redevable.

Socrate…

Dialogue avec l'ami perdu, dialogue aussi avec les auteurs que Montaigne lit, relit, annote ou feuillette dans sa tour. Montaigne est un humaniste[1], c'est-à-dire un érudit à qui rien de ce qui est antique n'est étranger, surtout s'il s'agit d'œuvres écrites en latin, sa seconde langue maternelle (paternelle plutôt). Les quelques 1300 citations témoignent de cette frustration du lecteur qui ne peut plus répondre aux voix dont il est environné et dont il se sent si proche : Cicéron, Virgile, Horace, Sénèque, Plutarque, Érasme (mort en 1536), etc. Dans ce dialogue à travers le temps, l'interlocuteur privilégié, c'est Socrate, mentionné de plus en plus fréquemment d'une édition à l'autre, à qui Montaigne cherche sans doute à s'identifier (il recevra d'ailleurs le titre de « Socrate français » à Rome en 1581) et en qui il trouve peut-être aussi un substitut à l'ami perdu.

Durer...

Il convient de ne pas omettre, dans cette genèse de l'écriture, le désir, qu'Éluard appellera le « dur désir de durer », de laisser une trace, ne serait-ce que « pour la commodité particulière de [ses] parents et amis », comme Montaigne le prétend, non sans coquetterie, dans son avis « au lecteur ». Montaigne se sent, de fait, engagé dans une lutte contre le temps. L'insistance avec laquelle il revient sur son « défaut de mémoire » (qui lui fait croire, par exemple, qu'il lit pour la première fois un livre déjà lu) suggère une angoisse toute baroque[2] de la fugacité des choses. L'écriture permet alors de fixer et de prolonger, pour soi et pour l'autre, ce qui risquerait de s'évanouir dans les sables mouvants de l'éphémère : souvenirs de lectures, souvenirs d'amitié, pensées et images fugitives, sentiments et sensations fluctuants...

Chercher...

L'écriture est aussi, naturellement, un moyen de pratiquer le « connais-toi toi-même » socratique et d'observer, à l'œuvre (et dans l'œuvre), ce « cheval échappé » qu'est l'esprit de Montaigne depuis qu'il s'est abandonné à l'oisiveté (studieuse, certes : l'otium cum litteris des

---

1 *Humaniste* : au sens strict et historique, spécialiste des langues et littératures anciennes et nom donné à ceux qui, au XVe et au XVIe s. remirent en honneur les chefs-d'œuvre de l'Antiquité classique ; au sens large l'humaniste met l'homme au centre de ses préoccupations morales, psychologiques et esthétiques.

2 *Baroque* : mouvement artistique et littéraire qui privilégie le dynanisme des formes, le souci du détail et du monumental, et proclame à la fois la fugacité et la splendeur du spectacle du monde.

Latins) de la retraite. De l'avis au lecteur jusqu'au troisième livre, le plus « personnel », ou, du moins, le plus lyrique – car les deux premiers livres ne sont pas, contrairement à ce que l'on a longtemps soutenu, une simple et froide collection d'anecdotes ou la mise en scène d'un stoïcisme[3] de façade –, ce désir de faire des *Essais* un registre de ses « conditions et humeurs », de ses « facultés naturelles », des « chimères et monstres fantasques », etc., qu'engendrent son imagination et sa sensibilité, est constamment affirmé par Montaigne.

Enfin (?), il y a chez ce Montaigne mélancolique dont nous parlions en commençant, dans cette nature curieuse et mobile, une quête inquiète de la vérité, ou plutôt des vérités. Cette recherche, fondamentalement éclectique – rien de plus étranger à Montaigne que l'esprit de système ou de parti – apparaît comme une conséquence des troubles politiques et religieux auxquels Montaigne est confronté – même et surtout (voir chronologie) après sa retraite ; mais elle est aussi une solution, si ce n'est aux troubles eux-mêmes, du moins au trouble intérieur qui en résulte, une façon de déplacer sur le terrain des idées et des principes, et de mettre en perspective, les interrogations que ces temps idéologiquement, moralement et même physiquement incertains suscitent. L'éloignement historique – Montaigne, on le sait, collectionne les anecdotes et lit les historiens – et l'éloignement géographique – la découverte du nouveau monde et de toutes les formes d'exotisme et de « bizarrerie », que Montaigne collectionne aussi – viennent ici à point nommé offrir une distance à la fois réflexive et critique que l'action – celle du magistrat, du maire, du diplomate – ne permet pas de prendre.

C'est à ce réseau de motivations et de circonstances – et à d'autres encore, sans doute – que nous devons une œuvre dense et profondément originale, où s'exerce, sous nos yeux, une intelligence aiguë, sous-tendue d'un « gai savoir » et d'une lucidité acérée et irrespectueuse, finalement très proche de la sensibilité moderne, insatisfaite et angoissée, avide de bonheur individuel et de « polysensualité », mais « interpellée » par les malheurs du monde.

---

3 *Stoïcisme* : école philosophique fondée par Zénon au IIIe s. av. J.C. et qui place le « souverain bien » dans le courage permettant de conserver la tranquillité de l'âme face aux accidents extérieurs.

Les *Essais*, ou l'art de la fugue...

Modernité...

Modernité de Montaigne... Nous l'éprouvons aussi dans la façon très libre qu'il a de conduire sa pensée. Pas de système chez lui, on l'a dit. Pas de préjugés. Ou le moins possible (sa misogynie presque sans faille – seule Marie de Gournay semble trouver grâce à ses yeux – choque le lecteur contemporain comme elle choquait Gide, par exemple). Les deux chapitres sur les « Cannibales » et sur les « Coches » sont à cet égard très parlants. Certes Montaigne n'est pas le seul, ni même le premier, à contester les procédés de la conquête du nouveau monde. Dès l'origine, en effet, des voix se sont élevées – chez les conquérants eux-mêmes – pour dénoncer les mauvais traitements infligés, au nom de la religion, aux Indiens dupés, dépouillés, massacrés, asservis. Parmi ces voix, celle de Bartolomé de Las Casas, le « Protecteur des Indiens ». Mais la fermeté des prises de position de l'auteur des *Essais*, son objectivité face à des mœurs radicalement différentes – objectivité qui se teinte même de sympathie, ou plutôt d'empathie[4] , dans la mesure où Montaigne prête à « ses » cannibales non seulement les valeurs (hospitalité, humour, mépris des faux biens, fidélité, tolérance, courage « boétien[5] » face à la mort...), mais aussi « l'art de conférer » (titre du chapitre 8 du livre III) et, notamment, de manier l'ironie, qui sont les siens –, et surtout l'utilisation du scandale américain comme machine de guerre contre les scandales européens (la torture, l'intolérance, la lâcheté, le mensonge, l'avidité...) sont le signe d'un esprit dégagé des entraves de la tradition et du poids des idées reçues. Caractéristiques que l'on retrouve, à un autre niveau, plus personnel et quotidien, dans les expériences rapportées par le *Journal de Voyage*.

Ordre et désordre...

On admet et on admire cette indépendance d'esprit. Mais on s'interroge – parfois avec irritation – sur la liberté d'écriture et de composition des *Essais*. Deux écoles s'affrontent. Pour la première (la plus traditionnelle), règne, dans les *Essais*, un désordre total, à peine tempéré par quelques récurrences thématiques d'un chapitre à l'autre ou à l'intérieur

4 *Empathie* : capacité d'éprouver les mêmes sentiments que l'autre.
5 *Boétien* : c'est-à-dire digne du courage stoïcien dont La Boétie fit preuve en mourant.

d'un même chapitre. Montaigne lui-même semble apporter de l'eau à ce moulin, en évoquant un « fagotage de tant de pièces diverses », une « marqueterie mal jointe », son goût pour « l'allure poétique à sauts et à gambades » – métaphores connues et choisies ici parmi beaucoup d'autres. Ainsi, pour Pierre Villey, dans le chapitre VI [du livre III], on a l'impression de lire trois *essais* complètement distincts aboutés l'un à l'autre : l'un traite des coches, le second des spectacles offerts au peuple romain par certains empereurs, le dernier de la conquête du Mexique et du Pérou par les Espagnols... Une seconde école discerne ou devine, au contraire, dans l'écriture des *Essais*, la trace de contraintes quasi-mathématiques. Michel Butor, par exemple, voit dans le chiffre 29 la clef de l'organisation du premier livre (fait de 57 chapitres, c'est-à-dire 29x2 -1 !), organisation perturbée par la décision de ne pas publier, comme on l'a vu, le traité de la *Servitude volontaire* qui aurait dû former le chapitre... 29, place vacante occupée finalement par les... 29 sonnets du même La Boétie. Reconstruction ingénieuse, que rien ne vient malheureusement corroborer avec certitude. Sans aller jusque là, certains, comme Olivier Pot (voir bibliographie), soulignent que les apparentes digressions de tel chapitre, par exemple celui des « Coches » (dont le titre semble un leurre : peut-être un camouflage à la manière de ceux que les Encyclopédistes utiliseront pour déjouer les pièges de la censure) sont en réalité les différentes pièces d'un ensemble aux éléments liés par un rapport soit métonymique (les coches seraient la partie d'un tout portant sur le luxe ou l'échange), soit métaphorique (le coche évoquant le « transport » dans ses différentes significations : matérielles, passionnelles, sexuelles...).

L'art de la fugue...

Désordre et désinvolture ? Rigueur mathématique ? Cohésion thématique ou analogique ? Il n'existe sans doute pas de réponse valable pour tous les chapitres des *Essais*.

Une image peut pourtant aider – sans régler définitivement le problème – à définir la technique de composition et d'écriture des *Essais*, notamment du second des deux chapitres qui font l'objet de cet ouvrage (le premier, consacré aux Cannibales, ne présentant, à vrai dire, guère de difficultés à cet égard). Cette image est celle de la fugue, au sens musical du terme.

Selon Littré, en effet, la fugue est « un genre de composition où l'on a réuni toutes les difficultés possibles sous les noms de sujet, contre-sujet, réponse, exposition, épisodes, reprises modulées, strette et pédales, ces diverses parties se répondant toujours de sorte que l'oreille les reconnaisse sur quelque degré que ce soit, que le mouvement soit semblable ou contraire ». Plus loin, Littré précise que la fugue est ainsi nommée parce que « des phrases semblables, se présentant successivement dans toutes les parties, semblent se fuir et se poursuivre tour à tour ». Sans entrer, faute de place, dans le détail de cette technique (qu'il faut rapprocher de celle du contrepoint, dont elle est indissociable), ni faire de cette métaphore une grille de lecture qui forcerait le sens du texte, comment ne pas voir que, dans ses grandes lignes, cette définition de la fugue correspond, sinon à l'intention de Montaigne, du moins à l'impression du lecteur ? Retournons, à titre d'exemple, à « nos coches ». L'ouverture du chapitre se fait – après une brève entrée en matière consacrée aux « grands auteurs écrivant des causes » – sur le thème de la peur – le « sujet » –, puis on passe successivement d'un « contre-sujet » – ou « contre-thème » – à l'autre : les coches et leur utilité, les caprices des empereurs romains et leur libéralité souvent excessive (mais « c'était pourtant une belle chose... » : nostalgie ou ironie ?), l'incapacité de l'homme à percevoir dans son ensemble le mouvement de l'histoire, la découverte d'un nouveau monde et sa conquête – avec ses différents « épisodes » –, la magnificence des ouvrages d'art construits par les Incas – retour, selon Montaigne lui-même, qui est donc conscient de son apparente dérive, au sujet initial (en fait le premier contre-sujet), pour « retomber », en même temps que le roi du Pérou tombe à terre, aux coches annoncés dès le titre, dans un finale abrupt et vif qui est aussi un « da capo ».

Quelle unité l'oreille peut-elle donc discerner dans ce tourbillon aux tempos et aux proportions variées ? Probablement celle que lui confère ici le leitmotiv[6] du mouvement : mouvement physique de la fuite (de la « fugue ») et des coches, mouvement chronologique de la plongée dans l'histoire, mouvement géographique de la brutale ruée vers l'ouest et vers l'or dans laquelle Montaigne entraîne son lecteur à la suite des Conquérants, mouvement physique encore, d'abord horizontal et sinueux – celui du chemin construit par les Péruviens et bordé de deux « ruisseaux

6 *Leitmotiv* : thème (musical ou littéraire) qui revient avec insistance.

pérennes », puis vertical et rectiligne – celui de la chute de leur roi (qui est aussi la chute rhétorique du chapitre). On pourrait affiner et poursuivre cette analyse, au risque de sombrer dans cette « subtilité » (« vaines subtilités » : titre du chapitre 54 du livre I) dont Montaigne nous demande de ne pas nous moquer, parce qu'elle est d'Aristote. Mais nous ne sommes pas Aristote ! Contentons-nous d'admettre qu'en effet les différentes « parties » du chapitre « semblent se fuir et se poursuivre tout à tour », sans jamais donner le sentiment que Montaigne oublie la structure de l'ensemble, ni l'ordre ou les rapports des éléments (règle fondamentale de l'art de la fugue et du contrepoint).

Appelons encore une fois Littré à notre secours. Le vénérable dictionnaire définit aussi la fugue dite « libre » : « fugue dans laquelle on ne traite pas le sujet seul, et où l'on passe de temps en temps à une autre idée, ou fugue dans laquelle on ne s'astreint pas rigoureusement aux règles ». Définition qui s'accorderait mieux, sans doute, avec les métaphores – provocatrices – de Montaigne (citées plus haut) ou avec telle de ses déclarations, lui qui soutient, par exemple, qu'il a « plus de soin du poids et utilité des discours que de leur ordre et suite », ou encore avec la pratique systématique des additions qui, malgré les efforts (limités) de Montaigne, rompent parfois le fil du propos.

L'art de l'esquive

Mais, à tout prendre, autant que l'art du contrepoint, Montaigne ne pratique-t-il pas l'art du contre-pied ? Ou celui de l'esquive ? On l'attend détaché, on le retrouve indigné. On l'attend stoïcien, on le retrouve jouisseur (mais oui, et pas seulement épicurien[7] distingué). On le croit égoïste, on le retrouve attendri (ce serait aux larmes, s'il pouvait pleurer, nous confie-t-il). On le croit chez les Cannibales, on le retrouve en France, ardent dénonciateur de la torture. On le croit obsédé par la mort, on le retrouve saisi d'admiration devant ces paysans gascons qui meurent sans y songer. On le sait conservateur, on le retrouve ouvert à toutes les différences. On le sait intellectuel, on le retrouve penché avec la plus pointilleuse attention sur son propre corps (les expulsions de calculs rénaux

7 *Épicurien* : adepte de l'Épicurisme, école philosophique fondée par Épicure au IIIe s. av. J.C. et qui place le « souverain bien » dans la recherche économique et maîtrisée des plaisirs.

dans le *Journal de voyage en Italie* ou tel détail de sa plus intime physiologie !). Et vice versa, naturellement !

Cette liste des surprises que réserve la lecture des *Essais* est loin d'être exhaustive. Et finalement, plus que dans la composition des chapitres (ou des trois livres), c'est dans cette mobilité et dans cette liberté d'une pensée toujours « en mouvement » – ce qui n'exclut pas, loin de là, un certain nombre de constantes et de lignes de force – qu'il faut chercher la cause de l'impression parfois vertigineuse qu'éprouve le lecteur d'une œuvre dont le charme (c'est un mot que l'on emploie souvent à propos de Montaigne, et il est assez bien venu, car il évoque la séduction et la sensualité) et la modernité tiennent précisément au mariage d'une écriture, sinon rigoureuse, du moins « réglée » dans ses structures (la fugue) et d'une pensée « ondoyante et diverse ».

Tout cela ne va pas trop mal : mais quoi, Montaigne est un cannibale et il porte des haut-de-chausses[8] !

8 Cf. *Essais*, I, 31 (fin).

HISTOIRE ÉDITORIALE DES *ESSAIS*

« J'ajoute, mais je ne corrige pas »

1580 Publication à Bordeaux (à compte d'auteur) des *Essais* en **deux livres.**

1582 Réédition revue et corrigée comportant quelques additions le plus souvent inspirées par le voyage en Italie.

1588 Nouvelle édition à Paris des *Essais* en **trois livres** : les deux premiers augmentés de plus de 600 additions et 500 citations, et un troisième livre de 13 chapitres écrits entre 1584 et 1588. C'est la dernière édition publiée du vivant de Montaigne.

1595 Réédition **posthume** par les soins de la « fille d'alliance » de Montaigne, Marie de Gournay, qui fera paraître par la suite une dizaine d'autres éditions comportant des modifications de sa main (et incluant des additions manuscrites de Montaigne).

1802 Première édition qui tienne compte des additions et corrections de l'exemplaire de Bordeaux (voir ci-dessous).

1906 Publication d'une nouvelle édition incluant systématiquement les annotations faites en marge ou entre les lignes, pour l'essentiel par Montaigne lui-même (certaines sont de la main de Marie de Gournay ou d'autres encore), sur un exemplaire personnel (non relié) de l'édition de 1588. Cet **exemplaire**, dit **« de Bordeaux »** (parce qu'il se trouve aujourd'hui à la bibliothèque municipale de cette ville) est devenu la base des éditions contemporaines.

Le système utilisé par Jean Plattard dans son édition de 1931-1933 est repris dans le présent ouvrage :

/ devant le texte de l'édition de 1580.

// devant les modifications de l'édition de 1588.

/// devant celles de l'édition posthume de 1595 et de l'exemplaire de Bordeaux.

ESSAIS

MICHEL DE MONTAIGNE

Texte original

LIVRE I

CHAPITRE 31

ESSAIS

MICHEL DE MONTAIGNE

Traduction

LIVRE I

CHAPITRE 31

DES CANNIBALES

Quand le Roy Pyrrhus passa en Italie, après qu'il eut reconneu l'ordonnance de l'armée que les Romains luy envoyoient au devant : « Je ne sçay, dit-il, quels barbares sont ceux-ci (car les Grecs appelloyent ainsi toutes les nations estrangieres), mais la disposition de cette armée que je voy n'est aucunement barbare. « Autant en dirent les Grecs de celle que Flaminius fit passer en leur païs, et Philippus, voyant d'un tertre l'ordre et distribution du camp Romain en son royaume, sous Publius Sulpicius Galba. Voylà comment il se faut garder de s'atacher aux opinions vulgaires, et les faut juger par la voye de la raison, non par la voix commune.

J'ay eu long temps avec moy un homme qui avoit demeuré dix ou douze ans en cet autre monde qui a esté decouvert en nostre siecle, en l'endroit où Vilegaignon print terre, qu'il surnomma la France Antartique. Cette descouverte d'un païs infini semble estre de consideration. Je ne sçay si je me puis respondre que il ne s'en face à l'advenir quelqu'autre, tant de personnages plus grands que nous ayans esté trompez en cette-cy. J'ay peur que nous avons les yeux plus grands que le ventre, et plus de curiosité que nous n'avons de capacité. Nous embrassons tout, mais nous n'étreignons que du vent. Platon introduit Solon racontant avoir apris des Prestres de la ville de Saïs, en Ægypte, que, jadis et avant le deluge, il y avoit une grande Isle, nommée Athlantide, droict à la bouche du destroit de Gibaltar, qui tenoit plus de païs que l'Afrique et l'Asie toutes deux ensemble, et que les Roys de cette contrée là, qui ne possedoient pas seulement cette isle, mais s'estoyent estendus dans la terre ferme si avant qu'ils tenoyent de la largeur d'Afrique jusques en Ægypte, et de la longueur de l'Europe jusques en la Toscane, entre-prindrent d'enjamber jusques sur l'Asie et subjuguer toutes les nations qui bordent la mer Mediterranée jusques au golfe de la mer Majour ; et, pour cet effect, traverserent les Espaignes, la Gaule, l'Italie, jusques en la Grece, où les Atheniens les soustindrent ; mais que, quelques temps après, et les Atheniens, et eux, et leur isle furent engloutis par le deluge. Il est bien vray-semblable que cet extreme ravage d'eaux ait faict des changemens estranges aux habitations de la terre, comme on tient que la mer a retranché la Sycile d'avec l'Italie.

DES CANNIBALES

Quand le roi Pyrrhus se rendit en Italie, après qu'il eut reconnu l'ordre de l'armée que les Romains lui opposaient : « Je ne sais, dit-il, qui sont ces barbares (car les Grecs appelaient ainsi tous les peuples étrangers) mais la disposition de cette armée n'est aucunement barbare. » Les Grecs en dirent autant de celle que Flaminius fit passer en leur pays, de même que Philippe, voyant du haut d'un tertre l'ordre et l'organisation du camp romain dans son royaume, sous Publius Sulpicius Galba. Voilà comment il faut se garder de s'attacher aux opinions du peuple, et il faut les juger par la voie de la raison, non par la voix commune.

J'ai eu longtemps avec moi un homme qui avait demeuré dix ou douze ans dans cet autre monde qui a été découvert en notre siècle, à l'endroit où Villegagnon prit terre et qu'il surnomma la France Antarctique. Cette découverte d'un pays infini semble être un sujet de méditation. Je ne sais si je puis assurer qu'il ne s'en fera quelque autre à l'avenir, tant de personnages plus grands que nous s'étant trompés à l'occasion de celle-ci. J'ai peur que nous ayons les yeux plus grands que le ventre, et plus de curiosité que nous n'avons de capacité. Nous embrassons tout, mais nous n'étreignons que du vent. Platon nous présente Solon racontant avoir appris des prêtres de la ville de Saïs en Égypte que, jadis et avant le déluge, il y avait une grande île nommée Atlantide, juste au débouché du détroit de Gibraltar, qui contenait plus de territoires que l'Afrique et l'Asie réunies, et que les rois de cette contrée, qui ne possédaient pas seulement cette île, mais s'étaient avancés dans la terre ferme si loin qu'ils occupaient l'Afrique, dans le sens de la largeur, jusqu'en Égypte, et l'Europe, dans le sens de la longueur, jusqu'en Toscane, entreprirent d'enjamber jusque sur l'Asie et de soumettre tous les peuples qui bordent la mer Méditerranée jusqu'au golfe de la mer Noire ; et, à cet effet, ils traversèrent les Espagnes, la Gaule, l'Italie, et parvinrent jusqu'en Grèce, où les Athéniens les arrêtèrent ; mais que, quelque temps après, les Athéniens, ainsi qu'eux-mêmes et leur île, furent engloutis par le déluge. Il est très vraisemblable que cet extrême cataclysme provoqué par les eaux ait produit des changements extraordinaires dans la disposition de la terre, comme on croit que la mer a retranché la Sicile de l'Italie.

// Hæc loca, vi quondam et vasta convulsa ruina,
Dissiluisse ferunt, cum protinus utraque tellus
Una foret[1] ;

/ Chipre d'avec la Surie, l'Isle de Negrepont de la terre ferme de la Bœoce, et joint ailleurs les terres qui estoyent divisées, comblant de limon et de sable les fossés d'entre-deux,

sterilisque diu palus aptaque remis
Vicinas urbes alit, et grave sentit aratrum[2].

Mais il n'y a pas grande apparence que cette Isle soit ce monde nouveau que nous venons de descouvrir ; car elle touchoit quasi l'Espaigne, et ce seroit un effect incroyable d'inundation de l'en avoir reculée, comme elle est, de plus de douze cens lieuës ; outre ce que les navigations des modernes ont des-jà presque descouvert que ce n'est point une isle, ains terre ferme et continente avec l'Inde orientale d'un costé, et avec les terres qui sont soubs les deux pôles d'autre part ; ou, si elle en est separée, que c'est d'un si petit destroit et intervalle qu'elle ne merite pas d'estre nommée isle pour cela.

// Il semble qu'il y aye des mouvemens, /// naturels les uns, les autres // fievreux, en ces grands corps comme aux nostres. Quand je considere l'impression que ma riviere de Dordoigne faict de mon temps vers la rive droicte de sa descente, et qu'en vingt ans elle a tant gaigné, et desrobé le fondement à plusieurs bastimens, je vois bien que c'est une agitation extraordinaire ; car, si elle fut tousjours allée ce train, ou deut aller à l'advenir, la figure du monde seroit renversée. Mais il leur prend des changements : tantost elles s'espendent d'un costé, tantost d'un autre ; tantost elles se contiennent. Je ne parle pas des soudaines inondations de quoy nous manions les causes. En Medoc, le long de la mer, mon frere, Sieur d'Arsac, voit une siene terre ensevelie soubs les sables que la mer vomit devant elle ; le feste d'aucuns bastimens paroist encore ; ses rentes et domaines se sont eschangez en pasquages bien maigres. Les habitans disent que, depuis quelque temps, la mer se pousse si fort vers eux qu'ils ont perdu quatre lieuës de terre. Ces sables sont ses fourriers ; /// et voyons des grandes montjoies d'arène mouvante qui marchent d'une demi lieue devant elle, et gaignent païs.

/ L'autre tesmoignage de l'antiquité, auquel on veut raporter cette descouverte, est dans Aristote, au moins si ce petit livret *Des merveilles inouïes* est à luy. Il raconte là que certains Carthaginois, s'estant jettez au travers de la mer Athlantique, hors le destroit de Gibaltar, et navigué long temps, avoient descouvert en fin une grande isle fertile, toute revestuë de bois et arrousée de grandes et profondes rivieres, fort esloignée de toutes

---

1 Virgile, *Énéide*, III, 414-415.
2 Horace, *Art poétique*, 65-66.

On dit que ces lieux, ébranlés jadis par un violent et vaste écroulement,
Se disloquèrent, alors que les deux terres
N'en faisaient qu'une seule,

Chypre de la Syrie, l'île d'Eubée de la terre ferme de la Béotie, et qu'elle a réuni ailleurs les terres qui étaient séparées, comblant de limon et de sable les vides qui se trouvaient entre elles,

Et un marais longtemps stérile et fait pour les rames
Nourrit les villes voisines, et sent le poids de la charrue.

Mais il est peu probable que cette île soit ce monde nouveau que nous venons de découvrir ; car elle touchait quasiment l'Espagne, et ce serait une conséquence incroyable d'une inondation que de l'en avoir reculée, comme elle l'est, de plus de douze cents lieues ; outre que les voyages des navigateurs modernes ont déjà presque découvert que ce n'est point une île, mais une terre ferme et rattachée à l'Inde orientale d'un côté et aux terres qui sont sous les deux pôles d'autre part ; ou, si elle en est séparée, que c'est par un si petit détroit et par un si petit intervalle qu'elle ne mérite pas d'être nommée île pour cela.

Il semble qu'il y ait des mouvements, les uns naturels, les autres violents, dans ces grands corps comme dans les nôtres. Quand je considère la progression de ma rivière de Dordogne, de mon vivant, vers la rive droite par rapport au sens de son courant, et qu'en vingt ans, elle a gagné tant de terrain et sapé les bases de plusieurs édifices, je vois bien que c'est un mouvement extraordinaire ; car si elle était toujours allée à cette vitesse, ou si elle devait le faire à l'avenir, la figure du monde serait bouleversée. Mais les rivières subissent des modifications : tantôt elles gagnent du terrain d'un côté, tantôt d'un autre ; tantôt elles se maintiennent dans leur lit. Je ne parle pas des soudaines inondations dont nous connaissons les causes. En Médoc, le long de la mer, mon frère, Sieur d'Arsac, voit une de ses terres ensevelie sous les sables que la mer vomit devant elle ; le sommet de certains bâtiments est encore visible ; ses rentes et ses domaines se sont changés en pacages bien maigres. Les habitants disent que, depuis quelque temps, la mer pousse si fort le sable vers eux qu'ils ont perdu quatre lieues de terre. Ces sables sont ses avant-coureurs ; et nous voyons de grandes dunes de sable mouvant qui marchent une demi-lieue devant elle, et gagnent du terrain.

L'autre témoignage de l'Antiquité auquel on veut relier cette découverte, se trouve dans Aristote, du moins si ce petit opuscule *Des merveilles inouïes* est de lui. Il raconte là que certains Carthaginois, s'étant aventurés à travers l'Atlantique, au-delà du détroit de Gibraltar, et ayant navigué longtemps, avaient découvert enfin une grande île fertile, toute couverte de bois et arrosée de grandes et profondes rivières, fort éloignée de toute terre ferme ; et qu'eux-mêmes, et d'autres ensuite, attirés par la qualité et la fertilité du terres fermes ; et qu'eux, et autres depuis, attirez par la bonté et fertilité du terroir, s'y en allerent avec leurs femmes et enfans, et commencerent à s'y habituer. Les Seigneurs de Carthage, voyans que leur pays se dépeuploit peu à peu, firent deffense expresse, sur peine de mort, que nul n'eut plus à aller là, et en chasserent ces nouveaux habitans, craignants, à ce que l'on dit, que par succession de temps ils ne vinsent à multiplier tellement qu'ils les supplantassent eux mesmes et ruinassent leur estat. Cette narration d'Aristote n'a non plus d'accord avec nos terres neufves.

Cet homme que j'avoy, estoit homme simple et grossier, qui est une condition propre à rendre veritable tesmoignage ; car les fines gens remarquent bien plus curieusement et plus de choses, mais ils les glosent ; et, pour faire valoir leur interpretation et la persuader, ils ne se peuvent garder d'alterer un peu l'Histoire ; ils ne vous representent jamais les choses pures, ils les inclinent et masquent selon le visage qu'ils leur ont veu ; et, pour donner credit à leur jugement et vous y attirer, prestent volontiers de ce costé là à la matiere, l'alongent et l'amplifient. Ou il faut un homme très-fidelle, ou si simple qu'il n'ait pas dequoy bastir et donner de la vray-semblance à des inventions fauces, et qui n'ait rien espousé. Le mien estoit tel ; et, outre cela, il m'a faict voir à diverses fois plusieurs matelots et marchans qu'il avoit cogneuz en ce voyage. Ainsi je me contente de cette information, sans m'enquerir de ce que les cosmographes en disent.

Il nous faudroit des topographes qui nous fissent narration particuliere des endroits où ils ont esté. Mais, pour avoir cet avantage sur nous d'avoir veu la Palestine, ils veulent jouir de ce privilege de nous conter nouvelles de tout le demeurant du monde. Je voudroy que chacun escrivit ce qu'il sçait, et autant qu'il en sçait, non en cela seulement, mais en tous autres subjects : car tel peut avoir quelque particuliere science ou experience de la nature d'une riviere ou d'une fontaine, qui ne sçait au reste que ce que chacun sçait. Il entreprendra toutes-fois, pour faire courir ce petit lopin, d'escrire toute la physique. De ce vice sourdent plusieurs grandes incommoditez.

Or je trouve, pour revenir à mon propos, qu'il n'y a rien de barbare et de sauvage en cette nation, à ce qu'on m'en a rapporté, sinon que chacun appelle barbarie ce qui n'est pas de son usage ; comme de vray, il semble que nous n'avons autre mire de la verité et de la raison que l'exemple et idée des opinions et usances du païs où nous sommes. Là est tousjours la parfaicte religion, la parfaicte police, perfect et accomply usage de toutes choses. Ils sont sauvages, de mesme que nous appellons sauvages les fruicts que nature, de soy et de son progrez ordinaire, a produicts : là où, à la verité, ce sont ceux que nous avons alterez par nostre artifice et detournez de l'ordre commun, que nous devrions appeller plutost sauvages. En ceux là sont vives terrain, s'y rendirent avec leurs femmes et leurs enfants, et commencèrent à s'y installer. Les seigneurs de Carthage, voyant que leur pays se dépeuplait peu à peu, interdirent expressément, sous peine de mort, que nul ne se rendît plus en ce lieu, et ils en chassèrent ces nouveaux habitants, craignant, à ce que l'on dit, que, avec le temps, ils ne vinssent à se multiplier tellement qu'ils les supplantent eux-mêmes et ruinent leur État. Ce récit d'Aristote ne s'accorde pas non plus avec nos terres nouvelles.

Cet homme que j'avais avec moi était un homme simple et grossier, ce qui est une condition propre à garantir un témoignage véridique ; car les gens subtiles observent les choses de façon bien plus attentive et complète, mais ils les commentent ; et pour faire valoir leur interprétation et vous en convaincre, ils ne vous représentent jamais les choses telles qu'elles sont, ils les orientent et les masquent selon l'apparence qu'ils leur ont vue ; et, pour donner crédit à leur jugement et vous y gagner, ils développent en général le sujet dans cette direction, l'allongent et l'amplifient. Il faut un homme ou très fidèle, ou si simple qu'il n'ait pas de quoi échafauder et rendre vraisemblable des inventions fausses, et qui n'ait épousé aucun parti pris. Le mien était tel ; et, outre cela, il m'a fait rencontrer à diverses reprises plusieurs matelots et marchands qu'il avait connus pendant ce voyage. Ainsi, je me contente de cette information, sans m'informer de ce que les géographes en disent.

Il nous faudrait des topographes qui nous fissent une description limitée aux endroits où ils ont été. Mais, parce qu'ils ont cet avantage sur nous d'avoir vu la Palestine, ils veulent jouir de ce privilège de nous donner des informations sur tout le reste du monde. Je voudrais que chacun écrivît ce qu'il sait, et autant qu'il en sait, non dans ce domaine seulement, mais sur tous les autres sujets : car tel peut avoir quelque connaissance ou expérience précise de la nature d'une rivière ou d'une source, qui ne sait par ailleurs que ce que chacun sait. Il entreprendra toutefois, pour faire valoir ce petit bout de connaissance, d'écrire toute la physique. De ce vice découlent plusieurs grands inconvénients.

Or je trouve, pour en revenir à mon propos, qu'il n'y a rien de barbare et de sauvage en ce peuple, à ce qu'on m'en a rapporté, sinon que chacun appelle barbarie ce qui n'est pas conforme à ses usages ; à vrai dire, il semble que nous n'ayons d'autre critère de la vérité et de la raison que l'exemple et l'idée des opinions et des usages du pays où nous sommes. Là est toujours la parfaite religion, le parfait gouvernement, la façon parfaite et accomplie de se comporter en toutes choses. Ils sont sauvages, de même que nous appelons sauvages les fruits que la nature, d'elle-même et de son propre mouvement, a produits : tandis qu'à la vérité ce sont ceux que nous avons altérés par notre artifice et détournés de l'ordre commun, que nous devrions appeler plutôt et vigoureuses les vrayes et plus utiles et naturelles vertus et proprietez, lesquelles nous avons abastardies en ceux-cy, et les avons seulement accommodées au plaisir de nostre goust corrompu. /// Et si pourtant, la saveur mesme et delicatesse se treuve à nostre gout excellente, à l'envi des nostres, en divers fruicts de ces contrées-là sans culture. / Ce n'est pas raison que l'art gaigne le point d'honneur sur nostre grande et puissante mere nature. Nous avons tant rechargé la beauté et richesse de ses ouvrages par nos inventions, que nous l'avons du tout estouffée. Si est-ce que, par tout où sa pureté reluit, elle fait une merveilleuse honte à nos vaines et frivoles entreprinses,

// *Et veniunt ederæ sponte sua melius,*
Surgit et in solis formosior arbutus antris,
Et volucres nulla dulcius arte canunt[3].

/ Tous nos efforts ne peuvent seulement arriver à representer le nid du moindre oyselet, sa contexture, sa beauté et l'utilité de son usage, non pas la tissure de la chetive araignée. /// Toutes choses, dict Platon, sont produites par la nature, ou par la fortune, ou par l'art ; les plus grandes et plus belles, par l'une ou l'autre des deux premieres ; les moindres et imparfaictes, par la derniere.

/ Ces nations me semblent donq ainsi barbares, pour avoir receu fort peu de façon de l'esprit humain, et estre encore fort voisines de leur naifveté originelle. Les loix naturelles leur commandent encores, fort peu abastardies par les nostres ; mais c'est en telle pureté, qu'il me prend quelque fois desplaisir dequoy la cognoissance n'en soit venuë plustost, du temps qu'il y avoit des hommes qui en eussent sceu mieux juger que nous. Il me desplait que Licurgus et Platon ne l'ayent eüe ; car il me semble que ce que nous voyons par experience en ces nations là, surpasse non seulement toutes les peintures dequoy la poësie a embelly l'age doré et toutes ses inventions à feindre une heureuse condition d'hommes, mais encore la conception et le desir mesme de la philosophie. Ils n'ont peu imaginer une nayfveté si pure et simple, comme nous la voyons par experience ; ny n'ont peu croire que nostre societé se peut maintenir avec si peu d'artifice et de soudeure humaine. C'est une nation, diroy je à Platon, en laquelle il n'y a aucune espece de trafique ; nul cognoissance de lettres ; nulle science de nombres ; nul nom de magistrat, ny de superiorité politique ; nul usage de service, de richesse ou de pauvreté ; nuls contrats ; nulles successions ; nuls partages ; nulles occupations qu'oysives ; nul respect de parenté que commun ; nuls vestemens ; nulle agriculture ; nul metal ; nul usage de vin ou de bled. Les paroles mesmes qui signifient la mensonge, la trahison, la dissimulation, l'avarice, l'envie, la detraction, le pardon,

3 Properce, II, 10-12.

sauvages. C'est dans ces créations spontanées que sont vivantes et vigoureuses les vraies – et les plus utiles et les plus naturelles – vertus et propriétés, que nous y avons abâtardies et que nous avons adaptées au plaisir de notre goût corrompu. Et pourtant la saveur même et la délicatesse sont, à notre goût, excellentes, et dignes des nôtres, dans divers produits de ces contrées-là qui ne sont pas cultivées. Rien ne justifie que l'artifice soit plus honoré que notre grande et puissante mère Nature. Nous avons tellement surchargé la beauté et la richesse de ses ouvrages par nos inventions que nous l'avons complètement étouffée. Il n'en reste pas moins que, partout où sa pureté resplendit, elle fait extraordinairement honte à nos vaines et frivoles entreprises,

Et le lierre pousse mieux de lui-même,
L'arbousier croît plus beau dans les antres isolés,
Et les oiseaux chantent plus suavement sans aucun artifice.

Tous nos efforts ne peuvent seulement arriver à décrire le nid du moindre oiselet, son agencement, sa beauté et son utilité, ni même la toile de la chétive araignée. Toutes choses, dit Platon, sont produites par la nature ou par le hasard, ou par l'artifice ; les plus grandes et les plus belles, par l'une ou l'autre des deux premières ; les moins importantes et les moins parfaites par le dernier.

Ces peuples me semblent dont barbares, dans le sens où ils ont reçu fort peu de formation intellectuelle, et ils me semblent encore fort proches de leur nature originelle. Les lois naturelles leur commandent encore, fort peu abâtardies par les nôtres ; mais c'est à un état si pur, qu'il m'arrive de regretter qu'ils n'aient pas été connus plus tôt, du temps où il y avait des hommes qui en eussent su mieux juger que nous. Je regrette que Lycurgue et Platon ne les aient pas connus ; car il me semble que ce que nous voyons par expérience en ces peuples surpasse non seulement toutes les peintures dont la poésie a embelli l'âge d'or et toutes ses fictions pour représenter une condition humaine heureuse, mais encore les conceptions et les désirs mêmes de la philosophie. Ils n'auraient pu imaginer un état naturel si pur et si simple, comme nous le voyons par expérience, ni croire que la communauté humaine puisse se maintenir avec si peu d'artifice et de liens entre les hommes. C'est un peuple, dirais-je à Platon, chez qui il n'y a aucune espèce de commerce ; aucune connaissance de l'écriture ; aucune science des nombres ; aucun nom de magistrat, ni de pouvoir politique ; aucune forme de servitude, de richesse ou de pauvreté ; aucun contrat ; aucune succession ; aucun partage ; aucune occupation que de loisir ; aucune autre considération de parenté que collective ; aucun vêtement ; aucune agriculture ; aucun métal ; aucun usage de vin ou de céréale. Les mots mêmes qui signifient le mensonge, la trahison, la dissimulation, l'avidité, l'envie, la médisance, le pardon, sont inconnus. Combien trouverait-il la inouïes. Combien trouveroit il la republique qu'il a imaginée esloignée de cette perfection : /// « *viri a diis recentes*[4] ».

// *Hos natura modos primum dedit*[5].

/ Au demeurant, ils vivent en une contrée de pais très-plaisante et bien temperée ; de façon qu'à ce que m'ont dit mes tesmoings, il est rare d'y voir un homme malade ; et m'ont asseuré n'en y avoir veu aucun tremblant, chassieux, edenté, ou courbé de vieillesse. Ils sont assis le long de la mer, et fermez du costé de la terre de grandes et hautes montaignes, ayant, entredeux, cent lieuës ou environ d'estendue en large. Ils ont grande abondance de poisson et de chairs qui n'ont aucune ressemblance aux nostres, et les mangent sans autre artifice que de les cuire. Le premier qui y mena un cheval, quoy qu'il les eust pratiquez à plusieurs autres voyages, leur fit tant d'horreur en cette assiete, qu'ils le tuerent à coups de traict, avant que le pouvoir recognoistre. Leurs bastimens sont fort longs, et capables de deux ou trois cents ames, estoffez d'escorse de grands arbres, tenans à terre par un bout et se soustenans et appuyans l'un contre l'autre par le feste, à la mode d'aucunes de noz granges, desquelles la couverture pend jusques à terre, et sert de flanq. Ils ont du bois si dur qu'ils en coupent, et en font leurs espées et des grils à cuire leur viande. Leurs lits sont d'un tissu de coton, suspenduz contre le toict, comme ceux de nos navires, à chacun le sien ; car les femmes couchent à part des maris. Ils se levent avec le soleil, et mangent soudain après s'estre levez, pour toute la journée ; car ils ne font autre repas que celuy-là. Ils ne boyvent pas lors, comme Suidas dict de quelques autres peuples d'Orient, qui beuvoient hors du manger ; ils boivent à plusieurs fois sur jour, et d'autant. Leur breuvage est faict de quelque racine, et est de la couleur de nos vins clairets. Ils ne le boyvent que tiede ; ce breuvage ne se conserve que deux ou trois jours ; il a le goust un peu piquant, nullement fumeux, salutaire à l'estomac, et laxatif à ceux qui ne l'ont accoustumé ; c'est une boisson très-agreable à qui y est duit. Au lieu du pain, ils usent d'une certaine matiere blanche, comme du coriandre confit. J'en ay tasté : le goust en est doux et un peu fade. Toute la journée se passe à dancer. Les plus jeunes vont à la chasse des bestes à tout des arcs. Une partie des femmes s'amusent cependant à chauffer leur breuvage, qui est leur principal office. Il y a quelqu'un des vieillards qui, le matin, avant qu'ils se mettent à manger, presche en commun toute la grangée, en se promenant d'un bout à l'autre et redisant une mesme clause à plusieurs fois, jusques à ce qu'il ayt achevé le tour (car ce sont bastimens qui ont bien cent pas de longueur). Il ne leur recommande que deux choses : la vaillance contre les ennemis et l'amitié à leurs femmes. Et ne faillent jamais de remerquer cette obligation, pour leur

4 Sénèque, *Lettres*, XC.

5 Virgile, *Géorgiques*, II, 20.

république qu'il a imaginée éloignée de cette perfection : « *des hommes à peine crées par les dieux* ».

Ce sont les premières règles que la nature a données

Au demeurant ils vivent dans une région très plaisante et bien tempérée ; de sorte qu'à ce que m'ont dit mes témoins, il est rare d'y voir un homme malade ; et ils m'ont assuré n'en avoir vu aucun tremblant, l'œil chassieux, édenté ou courbé de vieillesse. Ils sont établis le long de la mer, et protégés du côté de la terre par de grandes et hautes montagnes séparées par un espace large de cent lieues ou environ. Ils ont une grande abondance de poissons et de viandes qui n'ont aucune ressemblance avec les nôtres et ils les mangent sans autre artifice que de les cuire. Le premier qui y mena un cheval, quoiqu'il les eût rencontrés à l'occasion de plusieurs autres voyages, leur fit tellement horreur dans cette posture qu'ils le tuèrent à coups de flèches, avant que de pouvoir le reconnaître. Leurs bâtiments sont fort longs, et capables de contenir deux ou trois cents âmes, recouverts d'écorces de grands arbres, posés sur le sol par un côté et se soutenant et s'appuyant l'un contre l'autre par le faîte, à la façon de certaines de nos granges, dont le toit pend jusqu'à terre et sert de mur latéral. Ils ont du bois si dur qu'ils s'en servent pour couper et en font leurs épées et des grils pour cuire leur nourriture. Leurs lits sont faits d'un tissu de coton, suspendus au toit, comme ceux de nos navires, chacun ayant le sien ; car les femmes couchent à part des maris. Ils se lèvent avec le soleil, et mangent aussitôt après s'être levés, une fois pour toute la journée ; car ils ne font pas d'autre repas que celui-là. Ils ne boivent pas à ce moment-là, comme Suidas le dit de certains peuples orientaux qui boivent en dehors des repas ; ils boivent plusieurs fois par jour, et abondamment. Leur breuvage est fait de quelque racine, et est de la couleur de nos vins clairets. Ils ne le boivent que tiède ; ce breuvage ne se conserve que deux ou trois jours ; il a le goût un peu piquant, nullement enivrant, bon pour l'estomac, et laxatif pour ceux qui n'y sont pas accoutumés ; c'est une boisson très agréable pour qui y est habitué. Au lieu de pain, ils usent d'une certaine matière blanche, comme du coriandre confit. J'en ai goûté : le goût en est doux et un peu fade. Toute la journée se passe à danser. Les plus jeunes vont à la chasse avec des arcs. Une partie des femmes sont occupées pendant ce temps à faire chauffer leur breuvage, ce qui est leur tâche principale. Il y a un des vieillards qui, le matin, avant qu'ils se mettent à manger, prêche en commun toute la grange, en se promenant d'un bout à l'autre et en répétant une même phrase à plusieurs reprises jusqu'à ce qu'il ait achevé le tour (ce sont des bâtiments qui ont bien cent pas de longueur). Il ne leur recommande que deux choses : la vaillance contre les ennemis et l'amour envers leur femmes. Et ils ne manquent jamais de faire observer, en guise de refrain, que ce sont elles qui leur maintiennent leur boisson tiède et assaisonnée. On peut voir en plusieurs lieux, et entre autres refrein, que ce sont elles qui leur maintiennent leur boisson tiede et assaisonnée. Il se void en plusieurs lieux, et entre autres chez moy, la forme de leurs lits, de leurs cordons, de leurs espées et brasselets de bois dequoy ils couvrent leurs poignets aux combats, et des grandes cannes, ouvertes par un bout, par le son desquelles ils soustiennent la cadance en leur dancer. Ils sont ras par tout, et se font le poil beaucoup plus nettement que nous, sans autre rasouër que de bois ou de pierre. Ils croyent les ames éternelles, et celles qui ont bien merité des dieux, estre logées à l'endroit du ciel où le soleil se leve ; les maudites, du costé de l'Occident.

Ils ont je ne sçay quels prestres et prophetes, qui se presentent bien rarement au peuple, ayant leur demeure aux montaignes. A leur arrivée, il se faict une grande feste et assemblée solennelle de plusieurs vilages (chaque grange, comme je l'ay descrite, faict un vilage, et sont environ à une lieuë Françoise l'une de l'autre). Ce prophete parle à eux en public, les exhortant à la vertu et à leur devoir ; mais toute leur science ethique ne contient que ces deux articles, de la resolution à la guerre et affection à leurs femmes. Cettuy-cy leur prognostique les choses à venir et les evenemens qu'ils doivent esperer de leurs entreprinses, les achemine ou destourne de la guerre ; mais c'est par tel si que, où il faut à bien deviner, et s'il leur advient autrement qu'il ne leur a predit, il est haché en mille pieces s'ils l'attrapent, et condamné pour faux prophete. A cette cause, celuy qui s'est une fois mesconté on ne le void plus.

/// C'est don de Dieu que la divination ; voylà pourquoy ce devroit estre une imposture punissable, d'en abuser. Entre les Scythes, quand les devins avoient failli de rencontre, on les couchoit, enforgez de pieds et de mains, sur des charriotes pleines de bruyere, tirées par des bœufs, en quoy on les faisoit brusler. Ceux qui manient les choses subjettes à la conduitte de l'humaine suffisance, sont excusables d'y faire ce qu'ils peuvent. Mais ces autres, qui nous viennent pipant des assurances d'une faculté extraordinaire qui est hors de nostre cognoissance, faut-il pas les punir de ce qu'ils ne maintiennent l'effect de leur promesse, et de la temerité de leur imposture ?

/ Ils ont leurs guerres contre les nations qui sont au delà de leurs montaignes, plus avant en la terre ferme, ausquelles ils vont tous nuds, n'ayant autres armes que des arcs ou des espées de bois, apointées par un bout, à la mode des langues de nos espieuz. C'est chose esmerveillable que de la fermeté de leurs combats, qui ne finissent jamais que par meurtre et effusion de sang ; car, de routes et d'effroy, ils ne sçavent que c'est. Chacun raporte pour son trophée la teste de l'ennemy qu'il a tué, et l'attache à l'entrée de son logis. Après avoir long temps bien traité leurs prisonniers, et de toutes les commoditez dont ils se peuvent aviser, celuy qui en est le maistre, chez moi, comment sont faits leurs lits, leurs cordons, leurs épées et leurs bracelets de bois, dont ils se couvrent les poignets pendant les combats, et les grandes cannes, ouvertes par un bout, par le son desquelles ils soutiennent la cadence pendant leurs danse. Ils sont rasés partout, et se coupent les poils beaucoup plus nettement que nous, sans autre rasoir qu'un instrument de bois ou de pierre. Ils croient que les âmes sont éternelles, et que celles qui ont bien mérité des dieux sont logées à l'endroit du ciel où le soleil se lève, les âmes maudites du côté de l'Occident.

Ils ont je ne sais quels prêtres et prophètes, qui se présentent bien rarement au peuple, ayant leur demeure dans les montagnes. A leur arrivée, il se fait une grande fête et une assemblée extraordinaire de plusieurs villages (chaque grange, telle que je l'ai décrite, constitue un village, et elles sont à environ une lieue française l'une de l'autre). Ce prophète s'adresse à eux publiquement, les exhortant à la vertu et à leur devoir ; mais toute leur science morale ne contient que ces deux articles : le courage pendant la guerre et l'attachement à leurs femmes. Le prophète leur prédit les choses à venir et les résultats qu'ils doivent espérer de leurs entreprises, il les incite à prendre le chemin de la guerre ou les en détourne ; mais c'est à cette condition que, lorsqu'il est défaillant dans ses prévisions et si les choses tournent pour eux autrement qu'il ne leur a prédit, il est haché en mille morceaux s'ils l'attrapent et condamné comme faux prophète. Pour cette raison, celui qui s'est trompé une fois, on ne le voit plus.

C'est un don de Dieu que la divination ; voilà pourquoi ce devrait être une imposture punissable d'en abuser. Chez les Scythes, quand il arrivait que les devins se trompent, on les couchait, enchaînés par les pieds et les mains, sur des charrettes pleines de bruyère, tirées par des bœufs, dans lesquelles on les faisait brûler. Ceux qui s'occupent de choses soumises aux aléas des capacités humaines sont excusables de faire, dans ce domaine, ce qu'ils peuvent. Mais ces autres, qui nous trompent en nous assurant qu'ils possèdent une faculté extraordinaire qui est hors de notre connaissance, ne faut-il pas les punir de ce qu'ils ne tiennent pas leurs promesses, et de la témérité de leur imposture ?

Ils ont leurs guerres contre les peuples qui sont au-delà de leurs montagnes, plus avant dans la terre ferme, guerres au cours desquelles ils combattent tout nus, n'ayant d'autres armes que des arcs ou des épées de bois, effilées par un bout, à la façon des lames taillées de nos épieux. C'est une chose étonnante que la vigueur de leur combats, qui ne finissent jamais que par la mort et l'effusion de sang ; car, pour la déroute et l'effroi, ils ne savent ce que c'est. Chacun rapporte comme trophée personnel la tête de l'ennemi qu'il a tué et l'attache à l'entrée de son logis. Après avoir, pendant une longue période, bien traité leurs prisonniers, et leur avoir offert toutes les commodités qu'ils faict une grande assemblée de ses cognoissans ; il attache une corde à l'un des bras du prisonnier, /// par le bout de laquelle il le tient, esloigné de quelques pas, de peur d'en estre offencé, / et donne au plus cher de ses amis l'autre bras à tenir de mesme ; et eux deux, en presence de toute l'assemblée, l'assomment à coups d'espée. Cela faict, ils le rostissent et en mangent en commun et en envoient des lopins à ceux de leurs amis qui sont absens. Ce n'est pas, comme on pense, pour s'en nourrir, ainsi que faisoient anciennement les Scythes ; c'est pour representer une extreme vengeance. Et qu'il soit ainsi, ayant apperçeu que les Portuguois, qui s'estoient r'alliez à leurs adversaires, usoient d'une autre sorte de mort contre eux quand ils les prenoient, qui estoit de les enterrer jusques à la ceinture, et tirer au demeurant du corps force coups de traict, et les pendre après, ils penserent que ces gens icy de l'autre monde, comme ceux qui avoyent semé la connoissance de beaucoup de vices parmy leur voisinage, et qui estoient beaucoup plus grands maistres qu'eux en toute sorte de malice, ne prenoient pas sans occasion cette sorte de vengeance, et qu'elle devoit estre plus aigre que la leur, commencerent de quitter leur façon ancienne pour suivre cette-cy. Je ne suis pas marry que nous remerquons l'horreur barbaresque qu'il y a en une telle action, mais ouy bien dequoy, jugeans bien de leurs fautes, nous soyons si aveuglez aux nostres. Je pense qu'il y a plus de barbarie à manger un homme vivant qu'à le manger mort, à deschirer par tourmens et par geénes un corps encore plein de sentiment, le faire rostir par le menu, le faire mordre et meurtrir aux chiens et aux pourceaux (comme nous l'avons non seulement leu, mais veu de fresche memoire, non entre des ennemis anciens, mais entre des voisins et concitoyens, et, qui pis est, sous pretexte de pieté et de religion), que de le rostir et manger après qu'il est trespassé.

Chrysippus et Zenon, chefs de la secte Stoïcque, ont bien pensé qu'il n'y avoit aucun mal de se servir de nostre charoigne à quoy que ce fut pour nostre besoin, et d'en tirer de la nourriture ; comme nos ancestres, estans assiegez par Cæsar en la ville de Alexia, se resolurent de soustenir la faim de ce siege par les corps des vieillars, des femmes et autres personnes inutiles au combat.

// *Vascones, fama est, alimentis talibus usi*
Produxere animas[6].

/ Et les medecins ne craignent pas de s'en servir à toute sorte d'usage pour nostre santé ; soit pour l'appliquer au dedans ou au dehors ; mais il ne se trouva jamais aucune

---

6 Juvénal, XV, 93 et 94.

peuvent imaginer, celui qui en est le maître fait une grande assemblée des gens qu'il connaît ; il attache une corde à l'un des bras du prisonnier, par le bout de laquelle il le tient éloigné de quelques pas, de peur d'être attaqué par lui, et il donne au plus cher de ses amis l'autre bras à tenir de même ; et tous les deux, en présence de toute l'assemblée, l'assomment à coups d'épée. Cela fait, ils le font rôtir et en mangent en commun et ils en envoient des morceaux à ceux de leurs amis qui sont absents. Ce n'est pas, comme on pense, pour s'en nourrir, ainsi que faisaient autrefois les Scythes ; c'est pour signifier une extrême vengeance. En voici la preuve : ayant remarqué que les Portugais, qui s'étaient ralliés à leurs adversaires, usaient d'une autre sorte de mise à mort contre eux, quand ils les faisaient prisonniers, mise à mort qui consistait à les enterrer jusqu'à la ceinture et à tirer sur le reste du corps un grand nombre de flèches, et à les pendre après, les Cannibales pensèrent que ces gens de l'autre monde, comme ceux qui avaient répandu la connaissance de beaucoup de vices chez leurs voisins, et qui étaient beaucoup plus experts qu'eux en toute sorte de méchanceté, ne se livraient pas sans raison à cette sorte de vengeance, et qu'elle devait être beaucoup plus désagréable que la leur -et ils commencèrent à abandonner leur ancienne pratique pour suivre celle-ci. Je ne suis pas fâché que nous constations l'horreur barbare qu'il y a dans un tel comportement, mais je le suis, en revanche, que, jugeant bien de leurs fautes, nous soyons si aveugles pour les nôtres. Je pense qu'il y a plus de barbarie à manger un homme vivant qu'à le manger mort, à déchirer par des tortures et des supplices un corps encore plein de sensibilité, à le faire rôtir par le menu, à le faire mordre et mettre à mort par des chiens et des porcs (comme nous l'avons non seulement lu, mais vu de fraîche mémoire, non entre de vieux ennemis, mais entre des voisins et des concitoyens, et, qui pis est, sous prétexte de piété et de religion), que de le faire rôtir et de le manger après qu'il est trépassé.

Chrysippe et Zénon, chefs de l'école stoïcienne, ont bien pensé qu'il n'y avait aucun mal à se servir de notre cadavre pour un quelconque de nos besoins, et à en tirer de la nourriture ; de même, nos ancêtres, étant assiégés par César dans la ville d'Alésia, se résolurent à se nourrir pendant ce siège du corps des vieillards, des femmes et d'autres personnes inutiles au combat.

Les Gascons, à ce qu'on raconte, ayant recouru à de tels aliments
Prolongèrent leur vie.

Et les médecins ne craignent pas de se servir de chair humaine pour toute sorte d'usage pour notre santé, de façon interne ou externe ; mais il ne se trouva jamais opinion si desreglée qui excusat la trahison, la desloyauté, la tyrannie, la cruauté, qui sont nos fautes ordinaires.

Nous les pouvons donq bien appeller barbares, eu esgard aux regles de la raison, mais non pas eu esgard à nous, qui les surpassons en toute sorte de barbarie. Leur guerre est toute noble et genereuse, et a autant d'excuse et de beauté que cette maladie humaine en peut recevoir ; elle n'a autre fondement parmy eux que la seule jalousie de la vertu. Ils ne sont pas en debat de la conqueste de nouvelles terres, car ils jouyssent encore de cette uberté naturelle qui les fournit sans travail et sans peine de toutes choses necessaires, en telle abondance qu'ils n'ont que faire d'agrandir leurs limites. Ils sont encore en cet heureux point, de ne desirer qu'autant que leurs necessitez naturelles leur ordonnent ; tout ce qui est au delà est superflu pour eux. Ils s'entr'appellent generalement, ceux de mesme aage, freres ; enfans, ceux qui sont au dessoubs ; et les vieillards sont peres à tous les autres. Ceux-cy laissent à leurs heritiers en commun cette pleine possession de biens par indivis, sans autre titre que celuy tout pur que nature donne à ses creatures, les produisant au monde. Si leurs voisins passent les montaignes pour les venir assaillir, et qu'ils emportent la victoire sur eux, l'acquest du victorieux, c'est la gloire, et l'avantage d'estre demeuré maistre en valeur et en vertu ; car autrement ils n'ont que faire des biens des vaincus, et s'en retournent à leur pays, où ils n'ont faute de aucune chose necessaire, ny faute encore de cette grande partie, de sçavoir heureusement jouyr de leur condition et s'en contenter. Autant en font ceux-cy à leur tour. Ils ne demandent à leurs prisonniers autre rançon que la confession et recognoissance d'estre vaincus ; mais il ne s'en trouve pas un, en tout un siecle, qui n'ayme mieux la mort que de relascher, ny par contenance, ny de parole un seul poinct d'une grandeur de courage invincible ; il ne s'en void aucun qui n'ayme mieux estre tué et mangé, que de requerir seulement de ne l'estre pas. Ils les traictent en toute liberté, affin que la vie leur soit d'autant plus chere ; et les entretiennent communément des menasses de leur mort future, des tourmens qu'ils y auront à souffrir, des apprests qu'on dresse pour cet effect, du detranchement de leurs membres et du festin qui se fera à leurs despens. Tout cela se faict pour cette seule fin d'arracher de leur bouche quelque parole molle ou rabaissée, ou de leur donner envie de s'en fuyr, pour gaigner cet avantage de les avoir espouvantez, et d'avoir faict force à leur constance. Car aussi, à le bien prendre, c'est en ce seul point que consiste la vraye victoire :

/// victoria nulla est
Quam quæ confessos animo quoque subjugat hostes[7].

7 Juste Lipse citant Claudien, *Les Politiques*, V, XVII.

aucune opinion déréglée au point d'excuser la trahison, la déloyauté, la tyrannie, la cruauté, qui sont nos fautes ordinaires.

Nous pouvons donc bien les appeler barbares, par rapport aux règles de la raison, mais non pas par rapport à nous, qui les surpassons en toute sorte de barbarie. Leur guerre est toute noble et généreuse, et a autant d'excuse et de beauté que cette maladie humaine peut en recevoir ; elle n'a d'autres fondement chez eux que la rivalité dans le courage. Ils ne se battent pas pour la conquête de nouvelles terres, car ils jouissent encore de cette richesse naturelle qui leur fournit sans travail et sans peine toutes les choses nécessaires, dans une telle abondance qu'ils n'ont que faire d'agrandir leur territoire. Ils sont encore en cet heureux état de ne désirer qu'autant que leurs besoins naturels leur ordonne ; tout ce qui est au-delà est superflu pour eux. Ils s'appellent généralement, pour ceux du même âge, « frères » ; « enfants », pour ceux qui sont plus jeunes ; et les vieillards sont les « pères » de tous les autres. Ceux-ci laissent à leurs héritiers, en commun, cette pleine possession par indivis, sans autre titre que celui, tout simple, que la nature donne à ses créatures, en les mettant au monde. Si leurs voisins passent les montagnes pour venir les attaquer, et qu'ils remportent la victoire sur eux, le gain du vainqueur, c'est la gloire, et l'avantage d'être demeuré le meilleur en valeur et en courage ; car autrement ils n'ont que faire des biens des vaincus, et ils s'en retournent dans leur pays, où ils ne manquent d'aucune chose nécessaire, ni, non plus, de cette grande qualité de savoir heureusement jouir de leur condition et de s'en contenter. C'est ainsi également que se comportent ceux-ci. Ils ne demandent à leurs prisonniers d'autre rançon que d'avouer et de reconnaître qu'ils ont été vaincus ; mais il ne s'en trouve pas un, en tout un siècle, qui n'aime pas mieux la mort que de céder, ni par l'attitude, ni par la parole, sur un seul point d'une grandeur de courage invincible ; il ne s'en voit pas un qui n'aime mieux être tué et mangé, que de demander seulement de pas l'être. Ils traitent leurs prisonniers en toute liberté, et leur fournissent toutes les commodités qu'ils peuvent envisager, afin que la vie leur soit d'autant plus chère ; et ils leur font part, fréquemment, des menaces de leur mort future, des tortures qu'ils auront à subir, des préparatifs qu'on met en place à cet effet, du découpage de leurs membres et du festin qui se fera à leurs dépens. Tout cela se fait à seule fin d'arracher de leur bouche quelque parole lâche ou vile, ou de leur donner envie de s'enfuir, pour gagner cet avantage de les avoir épouvantés, et d'avoir fait plier leur constance. Car aussi, à le bien considérer, c'est en ce seul point que consiste la victoire :

Il n'y a d'autre victoire
Que celle qui soumet l'ennemi au point de lui faire avouer sa défaite.

Les Hongres, très-belliqueux combattans, ne poursuivoient jadis leur pointe, outre avoir rendu l'ennemy à leur mercy. Car, en ayant arraché cette confession, ils le laissoyent aller sans offense, sans rançon, sauf, pour le plus, d'en tirer parole de ne s'armer dès lors en avant contre eux.

/ Assez d'avantages gaignons nous sur nos ennemis, qui sont avantages empruntez, non pas nostres. C'est la qualité d'un portefaix, non de la vertu, d'avoir les bras et les jambes plus roides ; c'est une qualité morte et corporelle que la disposition ; c'est un coup de la fortune de faire broncher nostre ennemy et de luy esblouyr les yeux par la lumière du Soleil ; c'est un tour d'art et de science, et qui peut tomber en une personne lasche et de néant, d'estre suffisant à l'escrime. L'estimation et le pris d'un homme consiste au cœur et en la volonté ; c'est là où gist son vray honneur ; la vaillance, c'est la fermeté non pas des jambes et des bras, mais du courage et de l'ame ; elle ne consiste pas en la valeur de nostre cheval, ny de nos armes, mais en la nostre. Celuy qui tombe obstiné en son courage, /// *« si succiderit, de genu pugnat*[8] *» ;* / qui, pour quelque dangier de la mort voisine, ne relasche aucun point de son asseurance ; qui regarde encores, en rendant l'ame, son ennemy d'une veuë ferme et desdaigneuse, il est battu non pas de nous, mais de la fortune ; il est tué, non pas vaincu.

// Les plus vaillans sont par fois les plus infortunez.

/// Aussi y a il des pertes triomphantes à l'envi des victoires. Ny ces quatre victoires sœurs, les plus belles que le soleil aye onques veu de ses yeux, de Salamine, de Platées, de Mycale, de Sicile, oserent onques opposer toute leur gloire ensemble à la gloire de la desconfiture du Roy Leonidas et des siens, au pas des Thermopyles.

Qui courut jamais d'une plus glorieuse envie et plus ambitieuse au gain d'un combat, que le capitaine Ischolas à la perte ? Qui plus ingénieusement et curieusement s'est assuré de son salut, que luy de sa ruine ? Il estoit commis à deffendre certain passage du Peloponnese contre les Arcadiens. Pour quoy faire, se trouvant du tout incapable, veu la nature du lieu et inegalité des forces, et se resolvant que tout ce qui se presenteroit aux ennemis, auroit de necessité à y demeurer ; d'autre part, estimant indigne et de sa propre vertu et magnanimité et du nom lacedemonien de faillir à sa charge, il print entre ces deux extremitez un moyen parti, de telle sorte. Les plus jeunes et dispos de sa troupe, il les conserva à la tuition et service de leur païs, et les y renvoya ; et aveq ceux desquels le defaut estoit moindre, il delibera de soutenir ce pas et, par leur mort, en faire achetter aux ennemis l'entrée la plus chère qu'il lui seroit possible : comme il advint. Car, estant tantost environné de toutes parts par les Arcadiens, après en avoir faict une grande boucherie, luy et les siens furent tous mis au fil de l'espée. Est-il

8 Sénèque, *De providentia*, II.

Les Hongrois, très belliqueux combattants, ne poussaient pas plus loin, jadis, leur assaut, une fois qu'ils avaient fait crier grâce à l'ennemi. Car, lui ayant arraché cet aveu, ils le laissaient aller sans dommage, sans rançon, sauf, tout au plus, la promesse de ne plus prendre désormais les armes contre eux.

Nous gagnons beaucoup d'avantages sur nos ennemis, qui sont des avantages empruntés, et non les nôtres. C'est le propre d'un portefaix, non du courage, d'avoir les bras et les jambes solides ; c'est une qualité morte et purement physique que la souplesse ; c'est un coup de chance de faire trébucher notre ennemi et lui éblouir les yeux par la lumière du soleil ; c'est une question d'habileté et de technique, et qui peut échoir à une personne lâche et sans mérite, d'être bon à l'escrime. La valeur et le prix d'un homme consistent dans le courage et dans la volonté ; c'est là que réside son vrai honneur ; la vaillance, c'est la fermeté non pas des jambes et des bras, mais du cœur et de l'âme ; elle ne consiste pas dans la valeur de notre cheval, ni de nos armes, mais dans la nôtre. Celui qui tombe le cœur ferme, « s'il tombe, il se bat à genoux », qui, face au danger de la mort imminente, ne cède rien de son assurance, qui regarde encore, en rendant l'âme, son ennemi d'un œil ferme et dédaigneux, celui-là est battu non pas par nous, mais par la fortune ; il est tué non pas vaincu.

Les plus vaillants sont parfois les plus infortunés.

Aussi y a-t-il des défaites triomphales à l'égal des victoires. De même ces quatre victoires sœurs, les plus belles que le soleil ait jamais vu de ses yeux, celles de Salamine, de Platées, de Mycale, de Sicile, n'osèrent jamais opposer toute leur gloire réunie à la gloire de la déconfiture du roi Léonidas et des siens, dans le défilé des Thermopyles.

Qui courut jamais avec une plus glorieuse et une plus ambitieuse énergie au gain d'un combat, que le capitaine Ischolas ne courut à la défaite ? Qui s'est assuré plus ingénieusement et plus méthodiquement de son salut, que lui de sa ruine ? Il était chargé de défendre un certain passage du Péloponnèse contre les Arcadiens. Pour ce faire, se trouvant totalement impuissant, vu la nature du lieu et l'inégalité des forces, et constatant que tout ce qui, de son armée, se présenterait aux ennemis ne pourrait pas en réchapper ; d'autre part estimant indigne et de sa propre valeur et grandeur d'âme et du nom de Lacédémonien de faillir à son devoir, il prit entre ces deux extrémités un parti intermédiaire, que voici. Les plus jeunes et les plus alertes de sa troupe, il les conserva pour la protection et le service de leurs pays, et il les y renvoya ; et avec ceux dont l'absence était un moindre mal, il décida de défendre ce passage, et, par leur mort, d'en faire payer l'entrée le plus cher possible aux ennemis : ce qui advint. Car, étant rapidement environné de toutes parts par les Arcadiens, après avoir fait parmi eux une grande boucherie, lui et les siens furent tous passés au fil de l'épée.

quelque trophée assigné pour les vaincueurs, qui ne soit mieux deu à ces vaincus ? Le vray vaincre a pour son roolle l'estour, non pas le salut ; et consiste l'honneur de la vertu à combattre, non à battre.

/ Pour revenir à nostre histoire, il s'en faut tant que ces prisonniers se rendent, pour tout ce qu'on leur fait, qu'au rebours, pendant ces deux ou trois mois qu'on les garde, ils portent une contenance gaye ; ils pressent leurs maistres de se haster de les mettre en cette espreuve ; ils les deffient, les injurient, leur reprochent leur lacheté et le nombre des batailles perduës contre les leurs. J'ay une chanson faicte par un prisonnier, où il y a ce traict : qu'ils viennent hardiment tretous et s'assemblent pour disner de luy ; car ils mangeront quant et quant leurs peres et leurs ayeux, qui ont servy d'aliment et de nourriture à son corps. « Ces muscles, dit-il, cette chair et ces veines, ce sont les vostres, pauvres fols que vous estes ; vous ne recognoissez pas que la substance des membres de vos ancestres s'y tient encore : savourez les bien, vous y trouverez le goust de vostre propre chair. » Invention qui ne sent aucunement la barbarie. Ceux qui les peignent mourans, et qui representent cette action quand on les assomme, ils peignent le prisonnier crachant au visage de ceux qui le tuent et leur faisant la mouë. De vray, ils ne cessent jusques au dernier souspir de les braver et deffier de parole et de contenance. Sans mentir, au pris de nous, voilà des hommes bien sauvages ; car, ou il faut qu'ils le soyent bien à bon escient, ou que nous le soyons ; il y a une merveilleuse distance entre leur forme et la nostre.

Les hommes y ont plusieurs femmes, et en ont d'autant plus grand nombre qu'ils sont en meilleure reputation de vaillance ; c'est une beauté remerquable en leurs mariages, que la mesme jalousie que nos femmes ont pour nous empescher de l'amitié et bien-veuillance d'autres femmes, les leurs l'ont toute pareille pour la leur acquerir. Estans plus soigneuses de l'honneur de leurs maris que de toute autre chose, elles cherchent et mettent leur sollicitude à avoir le plus de compaignes qu'elles peuvent, d'autant que c'est un tesmoignage de la vertu du mary.

/// Les nostres crieront au miracle ; ce ne l'est pas ; c'est une vertu proprement matrimoniale, mais du plus haut estage. Et, en la Bible, Lia, Rachel, Sara et les femmes de Jacob fournirent leurs belles servantes à leurs maris, et Livia seconda les appetits d'Auguste, à son interest ; et la femme du Roy Dejotarus, Stratonique, presta non seulement à l'usage de son mary une fort belle jeune fille de chambre qui la servoit, mais en nourrit soigneusement les enfans, et leur feit espaule à succeder aux estats de leur pere.

/ Et, afin qu'on ne pense point que tout cecy se face par une simple et servile obligation à leur usance et par l'impression de l'authorité de leur ancienne coustume, sans discours et sans jugement, et pour avoir l'ame si stupide que de ne pouvoir prendre

Existe-t-il quelque trophée réservé aux vainqueurs qui soit plus justement dû à ces vaincus ? La vraie victoire s'inscrit dans le combat, non pas dans le salut ; et l'honneur du courage consiste à combattre, non à battre.

Pour revenir à notre histoire, ces prisonniers sont si loin de se rendre, malgré tout ce qu'on leur fait, qu'au contraire, pendant ces deux ou trois mois où on les garde, ils arborent une contenance gaie, ils pressent leurs maîtres de se hâter de les soumettre à cette épreuve ; ils les défient, les injurient, leur reprochent le nombre de batailles perdues contres les leurs. J'ai une chanson faite par un prisonnier, où il y a cette raillerie : qu'ils viennent hardiment tous et qu'ils s'assemblent pour dîner de lui ; car ils mangeront en même temps leurs pères et leurs aïeux, qui ont servi d'aliment et de nourriture à son corps. « Ces muscles, dit-il, cette chair et ces veines, ce sont les vôtres, pauvres fous que vous êtes ; vous ne sentez pas que la substance des membres de vos ancêtres s'y trouve encore : savourez-les bien, vous y trouverez le goût de votre propre chair. » Image qui ne sent aucunement la barbarie. Ceux qui les peignent mourants et, qui représentent le moment où on les assomme, peignent le prisonnier crachant au visage de ceux qui le tuent et leur faisant la grimace. A vrai dire, ils ne cessent jusqu'au dernier soupir de les braver et de les défier par leurs paroles et par leur attitude. Sans mentir, par rapport à nous, voilà des hommes bien sauvages ; car ou il faut qu'ils le soient bel et bien, ou alors que nous le soyons ; il y a une étonnante distance entre leur façon d'être et la nôtre.

Les hommes y ont plusieurs femmes, et en ont d'autant plus qu'ils ont une meilleure réputation de vaillance ; c'est quelque chose de très beau et de remarquable dans leurs mariages, que de voir que le même soin jaloux que mettent nos femmes pour nous tenir à l'écart de l'amour et des faveurs d'autres femmes, les leurs le mettent de la même façon pour les leur acquérir. Étant plus soucieuse de l'honneur de leurs maris que de toute autre chose, elles cherchent et mettent tous leurs soins à avoir le plus de compagnes qu'elles peuvent, d'autant que c'est un signe de la valeur du mari.

Les nôtres trouveront cela incroyable ; ce ne l'est pas ; c'est une vertu proprement matrimoniale ; mais du plus haut niveau. Et, dans la Bible, Lia, Rachel, Sara et les femmes de Jacob fournirent leurs belles servantes à leurs maris ; et Livie seconda les appétits d'Auguste, à ses propres dépens ; et la femme du roi Dejotarus, Stratonique, mit non seulement à la disposition de son mari une fort belle jeune femme de chambre qui la servait, mais elle en nourrit scrupuleusement les enfants et les aida à succéder aux fonctions de leur père.

Et, afin qu'on ne pense point que tout ceci se fasse par une simple et servile soumission à leur tradition et par le poids de l'autorité de leur ancienne coutume, sans réflexion et sans jugement, et parce qu'elles ont l'âme si stupide qu'elle ne peuvent autre party, il faut alleguer quelques traits de leur suffisance. Outre celuy que je viens de reciter de l'une de leurs chansons guerrières, j'en ay un' autre, amoureuse, qui commence en ce sens :

« Couleuvre, arreste toy ; arreste toy, couleuvre, afin que ma sœur tire sur le patron de ta peinture la façon et l'ouvrage d'un riche cordon que je puisse donner à m'amie : ainsi soit en tout temps ta beauté et ta disposition preferée à tous les autres serpens. »

Ce premier couplet, c'est le refrein de la chanson. Or j'ay assez de commerce avec la poësie pour juger cecy, que non seulement il n'y a rien de barbarie en cette imagination, mais qu'elle est tout à fait Anacreontique. Leur langage, au demeurant, c'est un doux langage et qui a le son aggreable, retirant aux terminaisons Grecques.

Trois d'entre eux, ignorans combien coutera un jour à leur repos et à leur bon heur la connoissance des corruptions de deçà, et que de ce commerce naistra leur ruyne, comme je presuppose qu'elle soit desjà avancée, bien miserables de s'estre laissez piper au desir de la nouvelleté, et avoir quitte la douceur de leur ciel pour venir voir le nostre, furent à Rouan, du temps que le feu Roy Charles neufiesme y estoit. Le Roy parla à eux long temps ; on leur fit voir nostre façon, nostre pompe, la forme d'une belle ville. Après cela, quelqu'un en demanda leur advis, et voulut sçavoir d'eux ce qu'ils y avoient trouvé de plus admirable ; ils respondirent trois choses, d'où j'ay perdu la troisiesme, et en suis bien marry ; mais j'en ay encore deux en memoire. Ils dirent qu'ils trouvoient en premier lieu fort estrange que tant de grands hommes, portans barbe, forts et armez, qui estoient autour du Roy (il est vray-semblable que ils parloient des Suisses de sa garde), se soubsmissent à obeyr à un enfant, et qu'on ne choisissoit plus tost quelqu'un d'entr'eux pour commander ; secondement (ils ont une façon de leur langage telle, qu'ils nomment les hommes moitié les uns des autres) qu'ils avoyent aperçeu qu'il y avoit parmy nous des hommes pleins et gorgez de toutes sortes de commoditez, et que leurs moitiez estoient mendians à leurs portes, décharnez de faim et de pauvreté ; et trouvoient estrange comme ces moitiez icy necessiteuses pouvoient souffrir une telle injustice, qu'ils ne prinsent les autres à la gorge, ou missent le feu à leurs maisons.

Je parlay à l'un d'eux fort long temps ; mais j'avois un truchement qui me suyvoit si mal et qui estoit si empesché à recevoir mes imaginations par sa bestise, que je n'en peus tirer guiere de plaisir. Sur ce que je luy demanday quel fruict il recevoit de la superiorité qu'il avoit parmy les siens (car c'estoit un Capitaine, et nos matelots le nommoient Roy), il me dict que c'estoit marcher le premier à la guerre ; de combien d'hommes il estoit suyvy, il me montra une espace de lieu, pour signifier que c'estoit autant qu'il en pourroit en une telle espace, ce pouvoit estre quatre ou cinq mille hommes ; si, hors la guerre, toute son authorité estoit expirée, il dict qu'il prendre aucun autre parti, il faut évoquer quelques aspects de leur finesse d'esprit. Outre celui que je viens de mentionner au sujet de l'une de leurs chansons guerrières, j'en connais une autre, chanson d'amour, qui commence ainsi :

« Couleuvre, arrête-toi ; arrête-toi, couleuvre, afin que ma sœur, prenant modèle sur ton aspect, trace la forme et le dessin d'un riche cordon que je puisse donner à m'amie : qu'ainsi soient en tout temps préférées à tous les autres serpents ta beauté et ta souplesse. »

Ce premier couplet est le refrain de la chanson. Or, j'ai assez de familiarité avec la poésie pour juger que non seulement il n'y a rien de barbare en cette image, mais qu'elle est tout à fait anacréontique. Leur langage, au demeurant, est un langage doux et qui a une sonorité agréable, ressemblant aux terminaisons grecques.

Trois d'entre eux, ignorant combien coûtera un jour à leur repos et à leur bonheur la connaissance des corruptions de notre monde, ignorant aussi que, de ces relations, naîtra leur ruine, dont d'ailleurs je suppose qu'elle est déjà bien avancée, bien malheureux de s'être laissés prendre au désir de la nouveauté et d'avoir quitté la douceur de leur ciel pour venir voir le nôtre, vinrent à Rouen, du temps où le feu roi Charles IX y était. Le roi leur parla longtemps ; on leur fit voir notre façon d'être, notre pompe, l'aspect d'une belle ville. Après cela quelqu'un demanda leur avis sur tout cela, et voulu savoir d'eux ce qu'ils y avaient trouvé de plus surprenant ; ils répondirent trois choses, dont j'ai oublié la troisième, et je le regrette bien ; mais j'en ai encore deux en mémoire. Ils dirent qu'ils trouvaient en premier lieu étrange que tant d'hommes grands, portant la barbe, forts et armés, qui étaient autour du roi (il est vraisemblable qu'ils parlaient des Suisses de sa garde), acceptent d'obéir à un enfant, et qu'on ne choisisse pas plutôt l'un d'entre eux pour commander ; secondement (ils ont une façon de parler telle qu'ils nomment les hommes « moitié » les uns des autres) qu'ils avaient remarqué qu'il y avait parmi nous des hommes pleins et gorgés de toutes sortes de privilèges, et que leurs moitiés mendiaient à leurs portes, décharnés de faim et de pauvreté ; et ils trouvaient étrange la façon dont ces moitiés nécessiteuses pouvaient supporter une telle injustice, sans prendre les autres à la gorge ou mettre le feu à leurs maisons.

Je parlai à l'un d'eux fort longtemps ; mais j'avais un interprète qui me suivait mal et qui était si incapable de comprendre mes idées à cause de sa bêtise, que je ne pus guère en tirer de plaisir. A la question que je lui posai de savoir quel profit il recevait de la supériorité qu'il avait parmi les siens (car c'était un capitaine, et nos matelots le nommaient « roi »), il me dit que c'était de marcher le premier à la guerre ; à la question de savoir de combien d'hommes il était suivi, il me montra un vaste espace, pour signifier que c'était autant qu'un tel espace pourrait en contenir, et ce pouvait être quatre ou cinq mille hommes ; à la question de savoir si, en dehors de la guerre, toute luy en restoit cela que, quand il visitoit les vilages qui dépendoient de luy, on luy dressoit des sentiers au travers des hayes de leurs bois, par où il peut passer bien à l'aise.

Tout cela ne va pas trop mal : mais quoy, ils ne portent point de haut de chausses !

Comedy, upper class viewpoint

ironic tone.

son autorité s'évanouissait, il dit qu'il lui en restait ceci : quand il visitait les villages qui dépendaient de lui, on lui traçait des sentiers à travers les haies de leurs bois, par où il pût passer bien à l'aise.

Tout cela ne va pas trop mal : mais quoi, ils ne portent point de hauts-de-chausses !

ESSAIS

MICHEL DE MONTAIGNE

Texte original

LIVRE III

CHAPITRE 6

ESSAIS

MICHEL DE MONTAIGNE

Traduction

Livre III

Chapitre 6

DES COCHES

// Il est bien aisé à verifier que les grands autheurs, escrivant des causes, ne se servent pas seulement de celles qu'ils estiment estre vraies, mais de celles encores qu'ils ne croient pas, pourveu qu'elles ayent quelque invention et beauté. Ils disent assez veritablement et utilement, s'ils disent ingenieusement. Nous ne pouvons nous asseurer de la maistresse cause ; nous en entassons plusieurs, voir si par rencontre elle se trouvera en ce nombre,

namque unam dicere causam
Non satis est, verum plures, unde una tamen sit[1].

Me demandez vous d'où vient cette coustume de benire ceux qui estrenuent ? Nous produisons trois sortes de vent : celuy qui sort par embas est trop sale ; celuy qui sort par la bouche porte quelque reproche de gourmandise ; le troisiesme est l'estrenuement ; et, parce qu'il vient de la teste et est sans blasme, nous luy faisons cet honneste recueil. Ne vous moquez pas de cette subtilité ; elle est (dict-on) d'Aristote.

Il me semble avoir veu en Plutarque (qui est de tous les autheurs que je cognoisse celuy qui a mieux meslé l'art à la nature et le jugement à la science), rendant la cause du souslevement d'estomac qui advient à ceux qui voyagent en mer, que cela leur arrive de crainte, ayant trouvé quelque raison par laquelle il prouve que la crainte peut produire un tel effect. Moy, qui y suis fort subjet, sçay bien que cette cause ne me touche pas, et le sçay non par argument, mais par necessaire experience. Sans alleguer ce qu'on m'a dict, qu'il en arrive de mesme souvent aux bestes, et notamment aux pourceaux, hors de toute apprehension de danger ; et ce qu'un mien connoissant m'a tesmoigné de soy, qu'y estant fort subjet, l'envie de vomir luy estoit passée deux ou trois fois, se trouvant pressé de fraieur en grande tourmente, /// comme à cet ancien : *« Pejus vexabar quam ut periculum mihi succurreret*[2] *»* ; // je n'eus jamais peur sur l'eau, comme je n'ay aussi

---

1 Lucrèce, VI, 704-705.

2 Sénèque, *Lettres*, LIII.

DES COCHES

Il est bien aisé de vérifier que les grands auteurs, lorsqu'ils écrivent sur les causes de certains phénomènes, ne recourent pas seulement à celles qu'ils estiment vraies, mais encore à celles qu'ils ne croient pas telles, pourvu qu'elles aient quelque ingéniosité et beauté. Ils disent assez véritablement et utilement, s'ils disent ingénieusement. Nous ne pouvons nous assurer de la maîtresse cause ; nous en entassons plusieurs, pour voir si par hasard elle se trouvera en ce nombre,

car énoncer une seule cause ne suffit pas,
il faut en indiquer plusieurs, dont une sera la bonne.

Me demandez-vous d'où vient cette coutume de bénir ceux qui éternuent ? Nous produisons trois sortes de vent : celui qui sort par en bas est trop sale ; celui qui sort par la bouche s'expose à quelque reproche de gourmandise ; le troisième est l'éternuement ; et, parce qu'il vient de la tête et qu'il n'implique aucun blâme, nous lui faisons cet honorable accueil. Ne vous moquez pas de cette subtilité ; elle est (dit-on) d'Aristote.

Il me semble avoir lu chez Plutarque (qui est de tous les auteurs que je connaisse celui qui a le mieux mêlé l'art à la nature et le jugement à la science), évoquant la cause du soulèvement d'estomac dont sont victimes ceux qui voyagent en mer, que cela leur arrive par crainte, car il avait trouvé un raisonnement par lequel il prouve que la crainte peut produire un tel effet. Moi-même, qui y suis fort sujet, je sais bien que cette cause ne me touche pas, et je le sais non par déduction logique, mais par suite d'une indiscutable expérience. Et je n'ai pas besoin d'alléguer ce qu'on m'a dit, à savoir qu'il arrive souvent la même chose aux bêtes, et notamment aux pourceaux, en dehors de toute crainte d'un danger ; ni le témoignage personnel d'un de mes amis qui m'a raconté que, étant lui-même fort sujet à ce genre de malaise, l'envie de vomir lui était passée deux ou trois fois sous le coup d'une grande frayeur éprouvée en pleine tempête, comme cela arriva aussi à cet auteur ancien : « J'étais trop mal à l'aise pour prendre conscience du danger » ; je n'eus jamais peur sur l'eau, pas davantage que dans d'autres occasions (et il s'en est assez souvent présenté qui auraient justifié la peur, si la mort en est une), du moins pas au ailleurs (et s'en est assez souvent offert de justes, si la mort l'est) qui m'ait aumoins troublé ou esblouy. Elle naist par fois de faute de jugement, comme de faute de cœur. Tous les dangers que j'ay veu, ç'a esté les yeux ouverts, la veuë libre, saine et entiere ; encore faut-il du courage à craindre. Il me servit autrefois, au pris d'autres, pour conduire et tenir en ordre ma fuite, qu'elle fut, /// sinon sans crainte, toutesfois // sans effroy et sans estonnement ; elle estoit esmeue, mais non pas estourdie ny esperdue.

Les grandes ames vont bien plus outre, et representent des fuites non rassises seulement et saines, mais fieres. Disons celle qu'Alcibiade recite de Socrates, son compagnon d'armes : « Je le trouvay (dict-il) après la route de nostre armée, luy et Lachez, des derniers entre les fuyans ; et le consideray tout à mon aise et en seureté, car j'estois sur un bon cheval et luy à pied, et avions ainsi combatu. Je remerquay premierement combien il montroit d'avisement et de resolution au pris de Lachez, et puis la braverie de son marcher, nullement different du sien ordinaire, sa veuë ferme et reglée, considerant et jugeant ce qui se passoit autour de luy, regardant tantost les uns, tantost les autres, amis et ennemis, d'une façon qui encourageoit les uns et signifioit aux autres qu'il estoit pour vendre bien cher son sang et sa vie à qui essayeroit de la luy oster ; et se sauverent ainsi : car volontiers on n'ataque pas ceux-cy ; on court après les effraiez. » Voilà le tesmoignage de ce grand capitaine, qui nous apprend, ce que nous essayons tous les jours, qu'il n'est rien qui nous jette tant aux dangers qu'une faim inconsiderée de nous en mettre hors. /// « *Quo timoris minus est, eo minus ferme periculi est*[3]. » // Nostre peuple a tort de dire : celuy-là craint la mort, quand il veut exprimer qu'il y songe et qu'il la prevoit. La prevoyance convient egallement à ce qui nous touche en bien et en mal. Considerer et juger le danger est aucunement le rebours de s'en estonner.

Je ne me sens pas assez fort pour soustenir le coup et l'impetuosité de cette passion de la peur, ny d'autre vehemente. Si j'en estois un coup vaincu et atterré, je ne m'en releverois jamais bien entier. Qui auroit fait perdre pied à mon ame, ne la remettroit jamais droicte en sa place ; elle se retaste et recherche trop vifvement et profondement, et pourtant, ne lairroit jamais ressouder et consolider la plaie qui l'auroit percée. Il m'a bien pris qu'aucune maladie ne me l'ayt encore desmise. A chaque charge qui me vient, je me presente et oppose en mon haut appareil ; ainsi, la premiere qui m'emporteroit me mettroit sans resource. Je n'en faicts poinct à deux ; par quelque endroict que le ravage fauçast ma levée, me voylà ouvert et noyé sans remede. /// Epicurus dict que le sage ne peut jamais passer à un estat contraire. J'ai quelque opinion

3 Tite-Live, XXII, V.

point d'en être bouleversé et aveuglé. La peur naît parfois d'un manque de jugement, autant que d'un manque de courage. Tous les dangers que j'ai vus, ç'a été les yeux ouverts, la vue libre, saine et entière ; il faut encore du courage dans la crainte même. Il me fut autrefois utile, par rapport à d'autres, pour conduire et tenir en ordre ma fuite, que celle-ci ait été, sinon sans crainte, toutefois sans effroi et sans stupeur ; elle était troublée, mais non pas étourdie ni éperdue.

Les grandes âmes vont bien plus avant et donnent l'exemple de fuites non seulement pondérées et saines, mais fières. Écoutons Alcibiade raconter celle de Socrate, son compagnon d'armes : « Je le rencontrai (dit-il) après la déroute de notre armée, lui et Lachès, parmi les derniers à fuir ; et je l'examinai tout à mon aise et en toute sécurité, car j'étais sur un bon cheval et lui à pied, comme nous avions combattu. Je remarquai premièrement combien il montrait de sang-froid et de résolution par comparaison avec Lachès, puis j'observai l'assurance de sa démarche, nullement différente de sa démarche habituelle, son œil ferme et calme, considérant et jugeant ce qui se passait autour de lui, regardant tantôt les uns, tantôt les autres, amis et ennemis, d'une façon qui encourageait les uns et signifiait aux autres qu'il était disposé à vendre bien cher son sang et sa vie à qui essaierait de les lui ôter ; et ils se sauvèrent ainsi : car en général on n'attaque pas ces hommes-là ; on court après ceux qui sont effrayés. » Voilà le témoignage de ce grand capitaine, qui nous apprend, ce que nous éprouvons tous les jours : qu'il n'est rien qui nous jette tant dans les dangers qu'un désir inconsidéré de leur échapper. « Moins il y a de peur, moins, en général, il y a de danger. » On a tort de dire, communément : un tel craint la mort, quand on veut dire qu'il y pense et qu'il la prévoit. Considérer et juger le danger, c'est, d'une certaine manière, le contraire de rester stupéfait face à lui.

Je ne me sens pas assez fort pour soutenir le coup et l'impétuosité de cette passion qu'est la peur ni d'aucune autre aussi violente. S'il m'arrivait d'être vaincu et terrassé par elle, je ne m'en sortirais jamais vraiment indemne. Qui aurait fait perdre pied à mon âme, ne la remettrait jamais debout à sa place ; elle s'étudie et s'examine trop vivement et profondément, et, par suite, elle ne laisserait jamais cicatriser et se consolider la plaie qui l'aurait percée. J'ai eu la chance qu'aucune maladie ne me l'ait encore abattue. A chaque charge que je subis, je me présente et je fais front équipé de pied en cap ; ainsi, la première qui m'emporterait, me laisserait sans ressource. Je le dis sans ambages ; par quelque endroit que le désastre perce ma digue, me voilà démuni et noyé sans remède. Épicure dit que le sage ne peut jamais passer à un état contraire. Je tiens pour assez vraie de l'envers de cette sentence, que, qui aura esté une fois bien fol, ne sera nulle autre fois bien sage.

// Dieu donne le froid selon la robe, et me donne les passions selon la moien que j'ay de les soustenir. Nature, m'ayant descouvert d'un costé, m'a couvert de l'autre ; m'ayant desarmé de force, m'a armé d'insensibilité et d'une apprehension reiglée ou mousse.

Or je ne puis souffrir long temps (et les souffrois plus difficilement en jeunesse) ny coche, ny littiere, ny bateau ; et hay toute autre voiture que de cheval, et en la ville et aux champs. Mais je puis souffrir la lictiere moins qu'un coche et, par mesme raison, plus aiséement une agitation rude sur l'eau, d'où se produict la peur, que le mouvement qui se sent en temps calme. Par cette legere secousse que les avirons donnent, desrobant le vaisseau soubs nous, je me sens brouiller, je ne sçay comment, la teste et l'estomac, comme je ne puis souffrir soubs moy un siege tremblant. Quand la voile ou le cours de l'eau nous emporte esgalement ou qu'on nous touë, cette agitation unie ne me blesse aucunement : c'est un remuement interrompu qui m'offence, et plus quand il est languissant. Je ne sçaurois autrement peindre sa forme. Les medecins m'ont ordonné de me presser et sangler d'une serviette le bas du ventre pour remedier à cet accident ; ce que je n'ay point essayé, ayant accoustumé de luicter les deffauts qui sont en moy et les dompter par moymesme.

/// Si j'en avoy la memoire suffisamment informée, je ne pleindroy mon temps à dire icy l'infinie varieté que les histoires nous presentent de l'usage des coches au service de la guerre, divers selon les nations, selon les siecles, de grand effect, ce me semble, et necessité ; si que c'est merveille que nous en ayons perdu toute connoissance. J'en diray seulement cecy, que tout freschement, du temps de nos peres, les Hongres les mirent très-utilement en besongne contre les Turcs, en chacun y ayant un rondellier et un mousquetaire, et nombre de harquebuzes rengées, prestes et chargées : le tout couvert d'une pavesade à la mode d'une galliotte. Ils faisoient front à leur bataille de trois mille tels coches, et, après que le canon avoit joué, les faisoient tirer avant et avaller aux ennemys cette salve avant que de taster le reste, qui n'estoit pas un leger avancement ; ou les descochoient dans leurs escadrons pour les rompre et y faire jour, outre le secours qu'ils en pouvoient tirer pour flanquer en lieu chatouilleux les troupes marchant en la campagne, ou à couvrir un logis à la haste et le fortifier. De mon temps, un Gentil-homme, en l'une de nos frontieres, impost de sa personne et ne trouvant cheval capable de son poids, ayant une querelle, marchoit par pais en coche de mesme cette peinture, et s'en trouvoit très-bien. Mais laissons la réciproque de cette sentence, à savoir que celui qui aura été une fois vraiment fou, ne sera plus jamais vraiment sage.

Dieu fait sentir le froid selon le pelage, et me fait sentir les passions selon le moyen que j'ai de les soutenir. Nature, m'ayant découvert d'un côté, m'a couvert de l'autre ; m'ayant refusé l'arme de la force, elle m'a armé d'insensibilité et d'une appréhension du danger modérée et émoussée.

Or je ne puis supporter longtemps (et je les supportais plus difficilement dans ma jeunesse) ni coche, ni litière, ni bateau ; et je hais tout autre moyen de déplacement que le cheval, à la ville comme à la campagne. Mais je puis supporter la litière moins bien qu'un coche et, pour la même raison, je supporte plus aisément un mouvement violent sur l'eau (d'où naît la peur) que le mouvement qui se sent par temps calme. Par cette légère secousse que les avirons provoquent, dérobant le bateau sous nous, je me sens, je ne sais comment, la tête et l'estomac barbouillés, de même que je ne puis supporter sous moi un siège tremblant. Quand la voile ou le cours de l'eau nous emporte de façon égale ou qu'on nous remorque, ce mouvement régulier ne me dérange nullement : c'est un mouvement discontinu qui m'indispose, et plus encore quand il est languissant. Je ne saurais le décrire autrement. Les médecins m'ont prescrit de me serrer et de me sangler d'une serviette le bas du ventre pour remédier à ce désagrément ; ce que je n'ai point essayé, ayant l'habitude de combattre les défauts qui sont en moi et de les dompter par moi-même.

Si j'en avais la mémoire suffisamment informée, je ne plaindrais pas mon temps pour dire ici l'infinie variété que l'histoire nous présente de l'usage des coches au service de la guerre, divers selon les peuples, selon les siècles, de grande importance, ce me semble, et de grande utilité ; si bien qu'il est étonnant que nous en ayons perdu toute connaissance. J'en dirai seulement ceci, que tout récemment, du temps de nos pères, les Hongrois en firent un très utile usage contre les Turcs, chacun d'eux contenant un rondelier et un mousquetaire, et nombre d'arquebuses rangées, prêtes et chargées, le tout couvert d'une pavesade à la façon d'une galiote. Ils plaçaient sur le front de bataille trois mille coches ainsi équipés, et après avoir fait donner le canon, ils les faisaient avancer et infligeaient aux ennemis cette salve avant que de passer à la suite des opérations, et ce n'était pas une petite avancée ; ou bien ils les lançaient sur les escadrons ennemis pour les rompre et y ouvrir une brèche, sans compter le secours qu'ils pouvaient en tirer pour couvrir sur les côtés, en terrain dangereux, les troupes marchant à découvert ou protéger en hâte un bâtiment et le fortifier. De mon temps un gentilhomme, sur l'une de nos frontières, impotent et ne trouvant pas de cheval capable de porter son poids, ayant un conflit à régler, se déplaçait en coche de la même façon, et ces coches guerriers. Les Roys de nostre premiere race marchoient en pais sur un charriot trainé par quatre bœufs.

// Marc Antoine fut le premier qui se fit mener à Romme, et une garse menestriere quand et luy, par des lyons attelez à un coche. Heliogabalus en fit depuis autant, se disant Cibelé, la mere des dieux, et aussi par des tigres, contrefaisant le Dieu Bacchus ; il attela aussi par fois deux cerfs à son coche, et une autre fois quattre chiens, et encore quattre garses nues, se faisant trainer par elles en pompe tout nud. L'empereur Firmus fit mener son coche à des autruches de merveilleuse grandeur, de maniere qu'il sembloit plus voler que rouler. L'estrangeté de ces inventions me met en teste cett'autre fantasie : que c'est une espece de pusillanimité aux monarques, et un tesmoignage de ne sentir point assez ce qu'ils sont, de travailler à se faire valloir et paroistre par despences excessives. Ce seroit chose excusable en pays estranger ; mais, parmy ses subjects, où il peut tout, il tire de sa dignité le plus extreme degré d'honneur où il puisse arriver. Comme à un gentilhomme il me semble qu'il est superflu de se vestir curieusement en son privé ; sa maison, son trein, sa cuysine, respondent assez de luy.

/// Le conseil qu'Isocrates donne à son Roy ne me semble sans raison : « Qu'il soit splendide en meubles et ustensiles, d'autant que c'est une despence de durée, qui passe jusques à ses successeurs ; et qu'il fuye toutes magnificences qui s'escoulent incontinent et de l'usage et de la memoire. »

// J'aymois à me parer, quand j'estoy cabdet, à faute d'autre parure, et me sioit bien ; il en est sur qui les belles robes pleurent. Nous avons des comptes merveilleux de la frugalité de nos Roys au tour de leur personne et en leurs dons ; grands Roys en credit, en valeur et en fortune. Demostenes combat à outrance la loy de sa ville qui assignoit les deniers publics aux pompes des jeux et de leurs festes ; il veut que leur grandeur se montre en quantité de vaisseaux bien equipez et bonnes armées bien fournies.

/// Et a lon raison d'accuser Theophrastus d'avoir establi, en son livre *Des richesses*, un advis contraire, et maintenu telle nature de despence estre le vray fruit de l'opulence. Ce sont plaisirs, dict Aristote, qui ne touchent que la plus basse commune, qui s'evanouissent de memoire aussi tost qu'on en est rassasié et desquels nul homme judicieux et grave ne peut faire estime. L'emploitte me sembleroit bien plus royale comme plus utile, juste et durable en ports, en havres, fortifications et murs, en bastiments somptueux, en eglises, hospitaux, colleges, reformation de ruës et chemins. En quoy le pape Gregoire treziesme a laissé sa memoire recommandable de mon temps, et en quoy nostre Royne Catherine tesmoigneroit à longues années sa liberalité naturelle et munificence, si ses moyens s'en trouvait très bien. Mais laissons ces coches guerriers. Nos premiers rois se déplaçaient sur un chariot tiré par quatre bœufs.

Marc-Antoine fut le premier qui se fit conduire à Rome, en compagnie d'une musicienne, par des lions attelés à un coche. Plus tard Héliogabale en fit autant, disant qu'il était Cébélé, la mère des Dieux, utilisant aussi des tigres, imitant le dieu Bacchus ; il attela aussi parfois deux cerfs à son coche, et une autre fois quatre chiens, et encore quatre femmes nues, se faisant tirer nu par elles en procession. L'empereur Firmus fit conduire son coche par des autruches d'une taille extraordinaire, de manière qu'il semblait plus voler que rouler. L'étrangeté de ces inventions me fait venir une autre idée en tête : que c'est une espèce de lâcheté de la part des monarques, et une preuve qu'ils ne sentent point assez ce qu'ils sont, que de s'efforcer de se faire valoir et de paraître par des dépenses excessives. Ce serait chose excusable en pays étranger ; mais parmi ses sujets, où il peut tout, le monarque tire de la dignité de sa charge le plus extrême degré d'honneur où il puisse arriver. De même, pour un gentilhomme, il me semble qu'il est superflu de se vêtir avec grand soin dans sa vie privée ; sa maison, son train de vie, sa cuisine, répondent assez de lui.

Le conseil qu'Isocrate donne à son roi ne me semble pas sans raison : « Qu'il soit splendide en meubles et ustensiles, dans la mesure où c'est une dépense faite pour durer, qui se transmet jusqu'à ses successeurs ; et qu'il fuie toutes les magnificences qui s'écoulent immédiatement à la fois de l'usage et de la mémoire. »

J'aimais à me parer quant j'étais cadet, faute d'autre parure, et cela me seyait bien ; il est des gens sur qui les belles robes pleurent. Nous avons des récits extraordinaires sur la frugalité de nos rois quant à leur personne et à leurs dons : grands rois en crédit, en valeur et en fortune. Démosthène combat avec force la loi de sa ville qui assignait les deniers publics à la pompe des jeux et de leurs fêtes ; il veut que la grandeur des citoyens se montre par le nombre des vaisseaux bien équipés et de bonnes armées bien ravitaillées.

Et l'on a raison de reprocher à Théophraste d'avoir formulé, dans son livre *Des richesses,* un avis contraire, et d'avoir soutenu que des dépenses de cette nature étaient le vrai fruit de l'opulence. Ce sont des plaisirs, dit Aristote, qui ne touchent que le plus bas peuple, qui s'évanouissent de la mémoire aussitôt qu'on en est rassasié et auxquels nul homme judicieux et réfléchi ne peut accorder de prix. L'emploi de ces dépenses me semblerait à la fois plus royal et plus utile, plus juste et plus durable si elles consistaient en ports, fortifications et murs, en bâtiments somptueux, en églises, hôpitaux, collèges, en réfection de rues et de chemins. C'est en quoi le pape Grégoire XIII a laissé de lui un souvenir estimable aujourd'hui, et c'est en quoi notre reine Catherine témoignerait pour de longues années de sa libéralité naturelle et de sa munificence, si ses moyens suffisoient à son affection. La Fortune m'a faict grand desplesir d'interrompre la belle structure du Pont-neuf de nostre grande ville et m'oster l'espoir avant de mourir d'en veoir en train l'usage.

// Outre ce, il semble aus subjects, spectateurs de ces triomphes, qu'on leur faict montre de leurs propres richesses et qu'on les festoye à leurs despens. Car les peuples presument volontiers des Roys, comme nous faisons de nos valets, qu'ils doivent prendre soing de nous aprester en abondance tout ce qu'il nous faut, mais qu'ils n'y doyvent aucunement toucher de leur part. Et pourtant l'Empereur Galba, ayant pris plaisir à un musicien pendant son souper, se fit aporter sa boëte et luy donna en sa main une poignée d'escus qu'il y pescha avec ces paroles : « Ce n'est pas du public, c'est du mien. » Tant y a qu'il advient le plus souvant que le peuple a raison, et qu'on repaist ses yeux de ce dequoy il avoit à paistre son ventre. La liberalité mesme n'est pas bien en son lustre en mains souveraines ; les privez y ont plus de droict ; car, à le prendre exactement, un Roy n'a rien proprement sien ; il se doibt soy-mesmes à autruy.

/// La jurisdiction ne se donne point en faveur du juridiciant, c'est en faveur du juridicié. On faict un superieur, non jamais pour son profit, ains pour le profit de l'inferieur, et un medecin pour le malade, non pour soy. Toute magistrature, comme toute art jette sa fin hors d'elle : « *nulla ars in se versatur*[4]. »

// Parquoy les gouverneurs de l'enfance des princes, qui se piquent à leur imprimer cette vertu de largesse, et les preschent de ne sçavoir rien refuser et n'estimer rien si bien employé que ce qu'ils donneront (instruction que j'ay veu en mon temps fort en credit), ou ils regardent plus à leur proufit qu'à celuy de leur maistre, ou ils entendent mal à qui ils parlent. Il est trop aysé d'imprimer la liberalité en celuy qui a dequoy y fournir autant qu'il veut, aus despens d'autruy. /// Et son estimation se reglant non à la mesure du present, mais à la mesure des moyens de celuy qui l'exerce, elle vient à estre vaine en mains si puissantes. Ils se trouvent prodigues avant qu'ils soient liberaux. // Pourtant est elle de peu de recommandation, au pris d'autres vertus royalles, et la seule, comme disoit le tyran Dionysius, qui se comporte bien avec la tyrannie mesme. Je luy apprendroy plustost ce verset du laboureur ancien :

Τῇ Χειρὶ δεῖ σπείρειν, ἀλλά μὴ ὅλῳ τῷ θυλακῷ[5]

qu'il faut, à qui en veut retirer fruict, semer de la main, non pas verser du sac /// (il faut espandre le grain, non pas le respandre) ; // et qu'ayant à donner ou, pour mieux dire, à

4 Cicéron, *De finibus*, V, VI.

5 Juste Lipse citant Corinne, *De amphitheatro*, VII, fin.

suffisaient à ses désirs. La malchance m'a fait le grand déplaisir d'interrompre la belle construction du Pont-Neuf de notre grande ville et de m'ôter l'espoir avant de mourir de le voir en usage.

En outre, il semble aux sujets spectateurs de ces fastes, qu'on leur expose leurs propres richesses et qu'on leur donne des fêtes à leurs dépens. Car les peuples attendent en général des rois, comme nous le faisons de nos valets, qu'ils prennent soin de nous procurer en abondance tout ce qu'il nous faut, mais qu'ils ne doivent nullement en toucher leur part. Et c'est ainsi que l'empereur Galba, ayant apprécié un musicien pendant son souper, se fit apporter son coffre et lui donna une poignée d'écus qu'il y pêcha en disant : « Ce n'est pas du public, c'est du mien. » Toujours est-il qu'il arrive le plus souvent que le peuple a raison, et qu'on repaît ses yeux de ce dont il avait à repaître son ventre. La libéralité même n'est pas bien à sa place entre les mains des souverains ; les particuliers y ont plus de droit, car, à le prendre exactement, un roi n'a rien proprement à lui ; il se doit lui-même à autrui.

La justice ne se rend point en faveur de celui qui juge, mais en faveur de celui qui est jugé. Le supérieur n'est jamais fait pour son profit, mais pour le profit de l'inférieur, et un médecin pour le malade, non pour lui-même. Toute magistrature, comme tout art, poursuit une fin qui est extérieure à elle : « aucun art n'est fait pour lui-même ».

C'est pourquoi les éducateurs de l'enfance des princes, qui s'obstinent à imprimer en eux cette vertu de largesse, et leur enseignent à ne savoir rien refuser et à estimer que rien n'est si bien employé que ce qu'ils donneront (précepte que j'ai vu de mon temps fort en crédit), ou bien visent plus leur profit que celui de leur maître, ou bien comprennent mal à qui ils parlent. Il est trop aisé d'imprimer la libéralité en celui qui a de quoi s'y adonner autant qu'il veut, aux dépens d'autrui. Et son évaluation se fondant non sur le don, mais sur les moyens de celui qui l'exerce, elle vient à être vaine en des mains si puissantes. Ces princes se retrouvent dépensiers avant que d'être généreux. Aussi est-elle de peu de valeur, comparée à d'autres vertus royales, et elle est la seule, comme disait le tyran Dionysius, qui s'accorde bien avec la tyrannie même. J'apprendrai plutôt au prince ce vers du laboureur ancien :

Il faut semer avec la main, et non à plein sac,

il faut, à qui veut en tirer profit, semer de la main, non pas verser du sac, (il faut épandre le grain, non pas le répandre) ; et qu'ayant à donner ou, pour mieux dire, à payer paier et rendre à tant de gens selon qu'ils l'ont deservy, il en doibt estre loyal et avisé dispensateur. Si la liberalité d'un prince est sans discretion et sans mesure, je l'aime mieux avare.

La vertu Royalle semble consister le plus en la justice ; et de toutes les parties de la justice celle là remarque mieux les Roys, qui accompaigne la liberalité ; car ils l'ont particulierement reservée à leur charge, là où toute autre justice, ils l'exercent volontiers par l'entremise d'autruy. L'immoderée largesse est un moyen foible à leur acquerir bienveuillance ; car elle rebute plus de gens qu'elle n'en practique : /// « *Quo in plures usus sis, minus in mullos uti possis. Quid autem est stultius quam quod libenter facias, curare ut id diutius facere non possis*[6] *?* » // Et, si elle est employée sans respect du merite, fait vergongne à qui la reçoit ; et se reçoit sans grace. Des tyrans ont esté sacrifiez à la hayne du peuple par les mains de ceux mesme lesquels ils avoyent iniquement avancez, telle maniere d'hommes estimans asseurer la possession des biens indeurement reçeuz en montrant avoir à mespris et hayne celuy de qui ils les tenoyent, et se raliant au jugement et opinion commune en cela.

Les subjects d'un prince excessif en dons se rendent excessifs en demandes ; ils se taillent non à la raison, mais à l'exemple. Il y a certes souvant de quoy rougir de nostre impudence ; nous sommes surpayez selon justice quand la recompense esgalle nostre service, car n'en devons nous rien à nos princes d'obligation naturelle ? S'il porte nostre despence, il faict trop ; c'est assez qu'il l'ayde ; le surplus s'appelle bienfaict, lequel ne se peut exiger, car le nom mesme de liberalité sonne liberté. A nostre mode, ce n'est jamais faict ; le reçeu ne se met plus en compte ; on n'ayme la liberalité que future : parquoy plus un Prince s'espuise en donnant, plus il s'apouvrit d'amys.

/// Comment assouviroit il des envies qui croissent à mesure qu'elles se remplissent ? Qui a sa pensée à prendre, ne l'a plus à ce qu'il a prins. La convoitise n'a rien si propre que d'estre ingrate. L'exemple de Cyrus ne duira pas mal en ce lieu pour servir aux Roys de ce temps de touche à reconnoistre leurs dons bien ou mal employez, et leur faire veoir combien cet Empereur les assenoit plus heureusement qu'ils ne font. Par où ils sont reduits de faire leurs emprunts sur les subjects inconnus, et plustost sur ceux à qui ils ont faict du mal, que sur ceux à qui ils ont faict du bien ; et n'en reçoivent aydes où il y aye rien de gratuit que le nom. Crœsus luy reprochoit sa largesse et calculoit à combien se monteroit son thresor, s'il eust eu les mains plus restreintes. Il eut envie de justifier sa liberalité ; et, despeschant de toutes parts vers les grands de son estat, qu'il avoit particulierement avancez, pria chacun de

6 Cicéron, *De officiis*, II, XV.

et à rendre à tant de gens selon qu'ils l'ont servi, il doit en faire un usage loyal et avisé. Si la libéralité d'un prince est sans discrétion et sans mesure, je l'aime mieux avare.

La vertu royale semble consister avant tout en la justice ; et de toutes les parties de la justice, celle qui distingue le mieux les rois est celle qui accompagne la libéralité ; car elle est particulièrement réservée à leur charge, alors que toute autre justice, ils l'exercent en général par l'entremise d'autrui. L'immodérée largesse est un faible moyen pour leur valoir la bienveillance d'autrui ; car elle rebute plus de gens qu'elle n'en attire : « Plus on en a usé, moins on en peut user. Or qu'y a-t-il de plus sot que d'en arriver à ne pas faire longtemps ce que l'on fait volontiers ? » Et si elle est employée sans considération du mérite, elle fait honte à qui la reçoit ; et elle se reçoit sans gratitude. Des tyrans ont été sacrifiés à la haine du peuple par les mains de ceux mêmes qu'ils avaient injustement favorisés, ce genre d'hommes estimant s'assurer la possession des biens indûment reçus en affichant mépris et haine pour celui de qui ils les tenaient et en se ralliant sur ce point au jugement et à l'opinion communs.

Les sujets d'un prince excessif dans ses dons deviennent excessifs dans leurs demandes. Ils se conforment non à la raison, mais à l'exemple. Il y a certes souvent de quoi rougir de notre impudence ; nous sommes, en toute justice, trop payés quand la récompense équivaut à notre service, car ne sommes-nous pas tenus d'en rendre à nos princes par une obligation naturelle ? S'il prend en charge notre dépense, il fait trop ; c'est assez qu'il y contribue ; le surplus s'appelle bienfait, lequel ne se peut exiger, car le mot même de libéralité rime avec liberté. A notre goût, ce n'est jamais assez ; ce que l'on a reçu n'est jamais pris en compte ; on n'aime la libéralité que future : aussi plus un prince s'épuise en donnant, plus il s'appauvrit en amis.

Comment assouvirait-il des envies qui croissent à mesure qu'elles se remplissent ? Qui pense à prendre, ne pense plus à ce qu'il a pris. Rien n'est plus propre à la convoitise que l'ingratitude. L'exemple de Cyrus ne conviendra pas mal ici pour servir à nos rois de pierre de touche du bon ou du mauvais emploi de leurs dons, et pour leur faire voir combien cet empereur les accordait avec plus de bonheur qu'ils ne le font. Au point qu'ils en sont réduits à faire leurs emprunts auprès des sujets inconnus, et plutôt auprès de ceux à qui ils ont fait du mal qu'auprès de ceux à qui ils ont fait du bien ; et les aides qu'ils en reçoivent n'ont de gratuites que le nom. Crésus reprochait à Cyrus sa largesse et calculait à combien se monterait son trésor, s'il eût eu les mains plus fermées. Il eut envie de justifier sa libéralité ; et, écrivant à tous les grands de son état, qu'il avait particulièrement favorisés, il pria chacun de le secourir d'autant d'argent qu'il pourrait le secourir d'autant d'argent qu'il pourroit à une sienne necessité, et le luy envoyer par declaration. Quand tous ces bordereaux luy furent apportez, chacun de ses amis, n'estimant pas que ce fut assez faire de luy en offrir autant seulement qu'il en avoit receu de sa munificence, y en meslant du sien plus propre beaucoup, il se trouva que cette somme se montoit bien plus que l'espargne de Crœsus. Sur quoy luy dict Cyrus : « Je ne suis pas moins amoureux des richesses que les autres Princes et en suis plus-tost plus mesnager. Vous voyez à combien peu de mise j'ay acquis le thresor inestimable de tant d'amis ; et combien ils me sont plus fideles thresoriers que ne seroient des hommes mercenaires sans obligation, sans affection, et ma chevance mieux logée qu'en des coffres, appellant sur moy la haine, l'envie et le mespris des autres princes. »

// Les Empereurs tiroient excuse à la superfluité de leurs jeux et montres publiques, de ce que leur authorité dependoit aucunement (aumoins par apparence) de la volonté du peuple Romain, lequel avoit de tout temps accoustumé d'estre flaté par telle sorte de spectacles et excez. Mais c'estoyent particuliers qui avoyent nourry cette coustume de gratifier leurs concitoyens et compaignons principallement sur leur bourse par telle profusion et magnificence : elle eust tout autre goust quand ce furent les maistres qui vindrent à l'imiter.

/// *« Pecuniarum translatio a justis dominis ad alienos non debet liberalis videri*[7]. » Philippus, de ce que son fils essayoit par presents de gaigner la volonté des Macedoniens, l'en tança par une lettre en cette maniere : « Quoy ? as tu envie que tes subjects te tiennent pour leur boursier, non pour leur Roy ? Veux tu les prattiquer ? prattique les des bienfaicts de ta vertu, non des bien-faicts de ton coffre. »

// C'estoit pourtant une belle chose, d'aller faire apporter et planter en la place aus arenes une grande quantité de gros arbres, tous branchus et tous verts, representans une grande forest ombrageuse, despartie en belle symmetrie, et, le premier jour, jetter là dedans mille austruches, mille cerfs, mille sangliers et mille dains, les abandonnant à piller au peuple ; le lendemain, faire assomer en sa presence cent gros lions, cent leopards, et trois cens ours, et, pour le troisiesme jour, faire combatre à outrance trois cens pairs de gladiateurs, comme fit l'Empereur Probus. C'estoit aussi belle chose à voir ces grands amphitheatres encroustez de marbre au dehors, labouré d'ouvrages et statues, le dedans reluisant de plusieurs rares enrichissemens,

---

7 Cicéron, *De officiis*, I, XIV.

pour un besoin personnel, et de lui envoyer déclaration écrite du montant de cette aide. Quand tous ces bordereaux lui furent apportés, chacun de ses amis, n'estimant pas que ce fût assez faire que de lui offrir seulement l'équivalent de ce qu'il avait reçu de sa munificence et y ajoutant une somme importante prélevée sur sa fortune personnelle, il se trouva que cette somme dépassait largement l'épargne calculée par Crésus. Sur quoi Cyrus lui dit : « Je ne suis pas moins amoureux des richesses que les autres princes et j'en suis plutôt plus économe. Vous voyez avec quelle faible mise j'ai acquis le trésor inestimable de tant d'amis ; et combien ils sont pour moi de bien plus fidèles trésoriers que ne seraient des hommes mercenaires sans obligation ni affection, et que ma fortune est mieux placée que dans des coffres, où elle m'attirerait la haine, l'envie et le mépris des autres princes. »

Les empereurs tiraient excuse, pour l'inutilité de leurs jeux et spectacles publics, de ce que leur autorité dépendait dans une certaine mesure (au moins en apparence) de la volonté du peuple romain, qui avait eu de tout temps l'habitude d'être flatté par ce genre de spectacles et d'excès. Mais c'étaient des particuliers qui avaient nourri cette coutume de gratifier leur concitoyens et leurs compagnons principalement sur leur bourse d'une telle profusion et magnificence : elle eut un tout autre goût quand ce furent les maîtres qui vinrent à l'imiter.

« Le transfert d'argent de ses possesseurs légitimes à des étrangers ne doit pas être regardé comme une libéralité. » Philippe, voyant que son fils essayait par des présents de gagner la volonté des Macédoniens, l'en tança, par une lettre, de cette manière : « Quoi ? as-tu envie que tes sujets te tiennent pour leur trésorier, non pour leur roi ? Veux-tu les séduire ? séduis-les par les bienfaits de ta vertu, non par les bienfaits de ton coffre. »

C'était pourtant une belle chose, de faire apporter et planter dans les arènes une grande quantité de gros arbres, tout branchus et tout verts, représentant une grande forêt ombreuse, disposée selon une belle symétrie, et, le premier jour, de jeter là-dedans mille autruche, mille cerfs, mille sangliers et mille daims, en laissant le peuple les chasser au javelot ; le lendemain, de faire assommer en sa présence cent gros lions, cent léopards et trois cents ours, et, pour le troisième jour, de faire combattre jusqu'au bout trois cents paires de gladiateurs, comme fit l'empereur Probus. C'était aussi une belle chose de voir ces grands amphithéâtres incrustés de marbre à l'extérieur, décorés d'ouvrages et de statues, l'intérieur resplendissant de plusieurs rares enrichissements,

Baltheus en gemmis, en illita porticus auro[8] ;

tous les coustez de ce grand vuide remplis et environnez, depuis le fons jusques au comble, de soixante ou quattre vingts rangs d'eschelons, aussi de marbre, couvers de carreaus,

exeat, inquit,
Si pudor est, et de pulvino surgat equestri,
Cujus res legi non sufficit[9] ;

où se peut renger cent mille hommes assis à leur aise ; et la place du fons, où les jeux se jouoyent, la faire premierement, par art, entr'ouvrir et fendre en crevasses representant des antres qui vomissoient les bestes destinées au spectacle ; et puis secondement l'innonder d'une mer profonde, qui charrioit force monstres marins, chargée de vaisseaux armez, à representer une bataille navalle ; et, tiercement, l'aplanir et assecher de nouveau pour le combat des gladiateurs ; et, pour la quatriesme façon, la sabler de vermillon et de storax, au lieu d'arene, pour y dresser un festin solemne à tout ce nombre infiny de peuple, le dernier acte d'un seul jour ;

quoties nos descendentis arenæ
Vidimus in partes, ruptaque voragine terræ
Emersisse feras, et iisdem sæpe latebris
Aurea cum croceo creverunt arbuta libro.
Nec solum nobis silvestria cernere monstra
Contigit, æquoreos ego cum certantibus ursis
Spectavi vitulos, et equorum nomine dignum,
Sed deforme pecus[10].

Quelquefois on y a faict naistre une haute montaigne plaine de fruitiers et arbres verdoyans, rendans par son feste un ruisseau d'eau, comme de la bouche d'une vive fontaine. Quelquefois on y promena un grand navire qui s'ouvroit et desprenoit de soy-mesmes, et, après avoir vomy de son ventre quatre ou cinq cens bestes à combat, se resserroit et s'esvanouissoit, sans ayde. Autresfois, du bas de cette place, ils faisoyent

8 Calpurnius, *Églogues*, VII, 47.
9 Juvénal, III, 153-154.
10 Calpurnius, *Églogues*, VII, 64-71.

Voici des gradins semés de gemmes, voici un portique semé d'or ;

tous les côtés de ce grand espace remplis et entourés, depuis le fond jusqu'au sommet, de soixante ou quatre-vingts rangs de gradins, également en marbre, couverts de coussins,

qu'il sorte, dit-il,
S'il a le sens de l'honneur, qu'il se lève du coussin équestre,
Lui dont la fortune n'atteint pas le montant légal ;

gradins où peuvent prendre place cent mille hommes assis à leur aise ; et la place du fond, où les jeux se jouaient, c'était une belle chose de la faire premièrement, artificiellement, s'entrouvrir et se fendre en crevasses représentant des antres qui vomissaient les bêtes destinées au spectacle ; puis, deuxièmement, de l'inonder d'une mer profonde, qui charriait quantité de monstres marins, chargés de vaisseaux armés, pour représenter une bataille navale ; et, troisièmement, de l'aplanir et de l'assécher de nouveau pour le combat des gladiateurs ; et, pour la quatrième transformation, de la recouvrir de vermillon et de storax, en guise de sable, afin d'y dresser un festin grandiose pour ce nombre infini de spectateurs, dernier acte d'une seule journée ;

Que de fois nous avons vu une partie de l'arène s'affaisser
Et, dans cet effondrement, surgir des fauves, et, dans ces profondeurs,
Croître des arbres dorés, à l'écorce safranée.
Et j'ai pu voir non seulement les monstres des forêts,
J'ai vu aussi des phoques luttant contre des ours
Et un troupeau hideux d'animaux qui n'avaient de chevaux que le nom.

Quelquefois on y a fait naître une haute montagne pleine de fruitiers et d'arbres verdoyants, laissant s'écouler de son sommet un ruisseau d'eau, comme de la bouche d'une source vive. Quelquefois on y promena un grand navire qui s'ouvrait et se disloquait lui-même, et, après avoir vomi de son ventre quatre ou cinq cents bêtes de combat, se refermait et s'évanouissait, sans aide. Autrefois, du bas de cet endroit, ils eslancer des surgeons et filets d'eau qui rejalissoyent contremont, et, à cette hauteur infinie, alloyent arrousant et embaumant cette infinie multitude. Pour se couvrir de l'injure du temps, ils faisoient tendre cette immense capacité, tantost de voiles de pourpre labourez à l'eguille, tantost de soye d'une ou autre couleur, et les avançoyent et retiroyent en un moment, comme il leur venoit en fantasie :

Quamvis non modico caleant spectacula sole,
Vela reducuntur, cum venit Hermogenes[11].

Les rets aussi qu'on mettoit au devant du peuple, pour le defendre de la violence de ces bestes eslancées, estoyent tyssus d'or :

auro quoque torta refulgent
Retia[12].

S'il y a quelque chose qui soit excusable en tels excez, c'est où l'invention et la nouveauté fournit d'admiration, non pas la despence.

En ces vanitez mesme nous descouvrons combien ces siecles estoyent fertiles d'autres espris que ne sont les nostres. Il va de cette sorte de fertilité comme il faict de toutes autres productions de la nature. Ce n'est pas à dire qu'elle y ayt lors employé son dernier effort. Nous n'allons point, nous rodons plustost, et tournoions çà et là. Nous nous promenons sur nos pas. Je crains que nostre cognoissance soit foible en tous sens, nous ne voyons ny gueres loin, ny guere arriere ; elle embrasse peu et vit peu, courte et en estandue de temps et en estandue de matiere :

Vixere fortes ante Agamemnona
Multi, sed omnes illachrimabiles
Urgentur ignotique longa
Nocte.
Et supera bellum Thebanum et funera Trojæ,
Multi alias alii quoque res cecinere poetæ[13].

/// Et la narration de Solon, sur ce qu'il avoit apprins des prestres d'Ægypte de la longue vie de leur estat et maniere d'apprendre et conserver les histoires estrangeres, ne

---

11 Martial, *Épigrammes*, XII, XXIV, 15-16.

12 Juste Lipse citant Calpurnius (*Églogues*, VII, 53), *De amphitheatro*, XII.

13 Horace, *Odes*, IV, IX, 25 sq.

faisaient s'élancer des petites sources et filets d'eau qui rejaillissaient en l'air, et, à cette hauteur infinie, allaient arroser et embaumer cette foule innombrable. Pour s'abriter des intempéries, ils faisaient couvrir cet immense espace, tantôt de voiles de pourpre ouvrés à l'aiguille, tantôt de soie d'une couleur ou de l'autre, et ils les déployaient et les repliaient en un moment, comme il leur en venait la fantaisie :

Bien qu'un soleil violent brûle l'amphithéâtre,
On enlève les voiles quand arrive Hermogène.

Les rets aussi qu'on mettait devant le public, pour le défendre de la violence de ces bêtes lancées dans l'arène, étaient tissés d'or :

Les rets tissés d'or resplendissent
aussi.

S'il y a quelque chose qui soit excusable en de tels excès, c'est dans la mesure où l'invention et la nouveauté se prêtent à l'admiration, ce n'est pas la dépense.

En ces vanités mêmes, nous découvrons combien ces siècles étaient fertiles d'autres esprits que les nôtres ne peuvent en produire. Il en va de cette sorte de fertilité comme de toutes les autres productions de la nature. Cela ne veut pas dire qu'elle y ait alors employé ses dernières forces. Nous n'avançons point, nous tournons plutôt, et nous tournoyons çà et là. Nous revenons sur nos pas. Je crains que notre connaissance ne soit faible en toutes directions, nous ne voyons ni très loin devant, ni très loin en arrière ; elle embrasse peu de choses et vit peu de temps, courte en durée et en contenu :

Beaucoup de héros ont vécu avant Agamemnon,
Mais leurs souffrances ne provoquent pas nos larmes
Et sont cachées dans une longue
nuit.
Et bien avant la guerre de Troie et la mort de Troie
Beaucoup de poètes ont chanté, tour à tour, d'autres événements.

Et le récit de Solon sur ce qu'il avait appris des prêtres d'Égypte quant à la longue existence de leur état et à leur manière d'apprendre et de conserver les histoires me semble tesmoignage de refus en cette consideration. « *Si interminatam in omnes partes magnitudinem regionum videremus et temporum, in quam se injiciens animus et intendens ita late longeque peregrinatur ut nullam oram ultimi videat in qua possit insistere : in hac immensitate infinita vis innumerabilium appareret formarum*[14] ».

// Quand tout ce qui est venu par rapport du passé jusques à nous seroit vray et seroit sçeu par quelqu'un, ce seroit moins que rien au pris de ce qui est ignoré. Et de cette mesme image du monde qui coule pendant que nous y sommes, combien chetive et racourcie est la cognoissance des plus curieux ! Non seulement des evenemens particuliers que fortune rend souvant exemplaires et poisans, mais de l'estat des grandes polices et nations, il nous en eschappe cent fois plus qu'il n'en vient à nostre science. Nous nous escriïons du miracle de l'invention de nostre artillerie, de nostre impression ; d'autres hommes, un autre bout du monde à la Chine, en jouyssoit mille ans auparavant. Si nous voyons autant du monde comme nous n'en voyons pas, nous apercevrions, comme il est à croire, une perpetuele multiplication et vicissitude de formes. Il n'y a rien de seul et de rare eu esgard à nature, ouy bien eu esgard à nostre cognoissance, qui est un miserable fondement de nos regles et qui nous represente volontiers une très-fauce image des choses. Comme vainement nous concluons aujourd'hui l'inclination et la decrepitude du monde par les arguments que nous tirons de nostre propre foiblesse et decadence,

Jamque adeo affecta est ætas, affectaque tellus[15] ;

ainsi vainement concluoit cettuy-là sa naissance et jeunesse, par la vigueur qu'il voyoit aux espris de son temps, abondans en nouvelletez et inventions de divers arts :

Verum, ut opinor, habet novitatem summa, recensque
Natura est mundi, neque pridem exordia cœpit :
Quare etiam quædam nunc artes expoliuntur,
Nunc etiam augescunt, nunc addita navigiis sunt
Multa[16].

14 Cicéron, *De natura deorum*, I, XX (texte légèrement modifié par Montaigne).

15 Lucrèce, II, 1136.

16 Lucrèce, V, 330-334.

étrangères ne me semble pas un témoignage propre à réfuter ce que j'avance. « Si nous voyions, dans toutes ses parties, l'immensité sans bornes de l'espace et du temps, où l'esprit, s'élançant et s'avançant, voyage en long et en large sans voir aucune limite qui viendrait l'arrêter, dans cette immensité, nous apparaîtrait une quantité infinie de formes innombrables. »

Quand bien même tout ce qui nous a été rapporté du passé serait vrai et serait su par quelqu'un, ce serait moins que rien comparé à ce qui est ignoré. Et de cette même image du monde qui s'écoule pendant que nous y sommes, combien chétive et limitée est la connaissance des plus curieux ! Non seulement des événements privés que la fortune rend souvent exemplaires et déterminants, mais de la situation des grands états et peuples, il nous en échappe cent fois plus que nous n'en connaissons. Nous crions au miracle face à l'invention de notre artillerie, de notre imprimerie ; d'autres hommes, à l'autre bout du monde, en Chine, en jouissaient mille ans auparavant. Si nous voyions du monde autant que nous n'en voyons pas, nous apercevrions, selon toute vraisemblance, une perpétuelle multiplication et modification de formes. Il n'y a rien d'unique et de rare eu égard à la nature, mais seulement eu égard à notre connaissance, qui est un misérable fondement de nos règles et qui nous donne en général une très fausse image des choses. De même que nous concluons vainement aujourd'hui au déclin et à la décrépitude du monde par les arguments que nous tirons de notre propre faiblesse et décadence,

Déjà, c'est vrai, notre vie s'affaiblit, la terre s'affaiblit,

tout aussi vainement celui-là concluait à sa naissance et à sa jeunesse par la vigueur qu'il voyait dans les esprits de son temps, fertiles en nouveautés et en inventions de divers arts :

Mais, je le pense, l'univers est encore tout nouveau, tout récent,
Et il n'y a guère qu'il est né :
C'est pourquoi certains arts se perfectionnent encore aujourd'hui
Et croissent encore,
Et l'on a beaucoup ajouté à la navigation.

Nostre monde vient d'en trouver un autre (et qui nous respond si c'est le dernier de ses freres, puis que les Dæmons, les Sybilles et nous, avons ignoré cettuy-cy jusqu'asture ?) non moins grand, plain et membru que luy, toutesfois si nouveau et si enfant qu'on luy aprend encore son a, b, c ; il n'y a pas cinquante ans qu'il ne sçavoit ny lettres, ny pois, ny mesure, ny vestements, ny bleds, ny vignes. Il estoit encore tout nud au giron, et ne vivoit que des moyens de sa mere nourrice. Si nous concluons bien de nostre fin, et ce poëte de la jeunesse de son siecle, cet autre monde ne faira qu'entrer en lumiere quand le nostre en sortira. L'univers tombera en paralisie ; l'un membre sera perclus, l'autre en vigueur.

Bien crains-je que nous aurons bien fort hasté sa declinaison et sa ruyne par nostre contagion, et que nous luy aurons bien cher vendu nos opinions et nos arts. C'estoit un monde enfant ; si ne l'avons nous pas foité et soubmis à nostre discipline par l'avantage de nostre valeur et forces naturelles, ny ne l'avons practiqué par nostre justice et bonté, ny subjugué par nostre magnanimité. La plus part de leurs responces et des negotiations faictes avec eux tesmoignent qu'ils ne nous devoyent rien en clarté d'esprit naturelle et en pertinence. L'espouventable magnificence des villes de Cusco et de Mexico, et, entre plusieurs choses pareilles, le jardin de ce Roy, où tous les arbres, les fruicts et toutes les herbes, selon l'ordre et grandeur qu'ils ont en un jardin, estoyent excellemment formez en or ; comme, en son cabinet, tous les animaux qui naissoient en son estat et en ses mers ; et la beauté de leurs ouvrages en pierrerie, en plume, en cotton, en la peinture, montrent qu'ils ne nous cedoient non plus en l'industrie. Mais, quant à la devotion, observance des loix, bonté, liberalité, loyauté, franchise, il nous a bien servy de n'en avoir pas tant qu'eux ; ils se sont perdus par cet advantage, et vendus, et trahis eux mesme.

Quant à la hardiesse et courage, quant à la fermeté, constance, resolution conue les douleurs et la faim et la mort, je ne craindrois pas d'opposer les exemples que je trouverois parmy eux aux plus fameux exemples anciens que nous ayons aus memoires de nostre monde par deçà. Car, pour ceux qui les ont subjuguez, qu'ils ostent les ruses et batelages dequoy ils se sont servis à les piper, et le juste estonnement qu'aportoit à ces nations là de voir arriver si inopinéement des gens barbus, divers en langage, religion, en forme et en contenance, d'un endroict du monde si esloigné et où ils n'avoyent jamais imaginé qu'il y eust habitation quelconque, montez sur des grands monstres incogneuz, contre ceux qui n'avoyent non seulement jamais veu de cheval, mais beste quelconque duicte à porter et soustenir homme ny autre charge ; garnis d'une peau luysante et dure et d'une arme trenchante et resplendissante, contre ceux qui, pour le miracle de la lueur d'un miroir ou d'un cousteau, alloyent eschangeant une grande richesse en or

Notre monde vient d'en trouver un autre (et qui nous garantit que c'est le dernier de ses frères, puisque les Démons, les Sibylles et nous-mêmes avons ignoré celui-ci jusqu'à cette heure ?) non moins grand, plein et peuplé que lui, toutefois si nouveau et si enfant qu'on lui apprend encore son a, b, c ; il n'y a pas cinquante ans qu'il ne connaissait ni lettres, ni poids, ni mesures, ni vêtements, ni céréales, ni vignes. Il était encore tout nu au giron et ne vivait que des ressources de sa mère nourricière. Si nous avons raison de conclure à notre fin, et ce poète à la jeunesse de son siècle, cet autre monde ne fera qu'entrer en lumière quand le nôtre en sortira. L'univers tombera en paralysie ; l'un de ses membres sera perclus, l'autre en pleine vigueur.

Je crains bien que nous aurons bien fort hâté son déclin et sa ruine par notre contagion, et que nous lui aurons bien cher vendu nos opinions et nos arts. C'était un monde enfant ; pourtant nous ne l'avons pas fouetté ni soumis à notre discipline par la supériorité de notre valeur et de nos forces naturelles, ni ne l'avons séduit par notre justice et notre bonté, ni subjugué par notre grandeur d'âme. La plupart de leurs réponses et des négociations faites avec eux témoignent qu'ils ne nous devaient rien en clarté d'esprit et en pertinence. La stupéfiante magnificence des villes de Cusco et de Mexico, et, entre autres choses semblables, le jardin du roi de cette ville, où tous les arbres, les fruits et toutes les herbes, selon l'ordre et la grandeur qu'ils ont dans un jardin, étaient excellemment formés d'or ; de même, dans son cabinet, pour tous les animaux qui naissaient dans son état et dans ses mers ; et la beauté de leurs ouvrages en pierreries, en plume, en coton, celle de leur peinture, tout cela montre qu'ils ne nous cédaient pas non plus en habileté. Mais, quant à la dévotion, au respect des lois, à la bonté, à la libéralité, à la loyauté, à la franchise, il nous a bien servi de ne pas en avoir autant qu'eux ; ils se sont perdus par cet avantage, et vendus, et trahis eux-mêmes.

Quant à la hardiesse et au courage, quant à la fermeté, à la constance, à la résolution contre les douleurs et la faim et la mort, je ne craindrais pas d'opposer les exemples que je trouverais parmi eux aux plus fameux exemples anciens dont nous ayons gardé la trace de ce côté de l'océan. Car, pour ceux qui les ont soumis, qu'ils ôtent les ruses et les tours dont ils se sont servis pour les piper, et la juste stupeur qu'apportait à ces peuples le fait de voir arriver si inopinément des gens barbus, différents par leur langage, leur religion, leur apparence et leur contenance, d'un endroit du monde si éloigné et où ils n'avaient jamais imaginé qu'il y eût la moindre habitation, montés sur des grands monstres inconnus, face à des hommes qui n'avaient non seulement jamais vu de cheval, mais aucune autre bête dressée pour porter et soutenir ni homme ni aucune autre charge ; des gens équipés d'une peau luisante et dure et d'une arme tranchante et resplendissante, face à des hommes qui, en échange de la lueur, surnaturelle pour eux, d'un miroir ou d'un couteau, donnaient une grande richesse d'or et de perles, et qui et en perles, et qui n'avoient ny science ny matiere par où tout à loisir ils sçeussent percer nostre acier ; adjoustez y les foudres et tonnerres de nos pieces et harquebouses, capables de troubler Cæsar mesme, qui l'en eust surpris autant inexperimenté, et à cett'heure, contre des peuples nuds, si ce n'est où l'invention estoit arrivée de quelque tissu de cotton, sans autres armes pour le plus que d'arcs, pierres, bastons /// et boucliers de bois ; // des peuples surpris, soubs couleur d'amitié et de bonne foy, par la curiosité de veoir des choses estrangeres et incogneues : contez, dis-je, aux conquerans cette disparité, vous leur ostez toute l'occasion de tant de victoires.

Quand je regarde céte ardeur indomptable dequoy tant de milliers d'hommes, femmes et enfans, se presentent et rejettent à tant de fois aux dangers inevitables, pour la deffence de leurs dieux el de leur liberté ; céte genereuse obstination de souffrir toutes extremitez et difficultez, et la mort, plus volontiers que de se soubmettre à la domination de ceux de qui ils ont esté si honteusement abusez, et aucuns choisissans plustost de se laisser defaillir par faim et par jeune, estans pris, que d'accepter le vivre des mains de leurs ennemis, si vilement victorieuses, je prevois que, à qui les eust attaquez pair à pair, et d'armes, et d'experience, et de nombre, il y eust faict aussi dangereux, et plus, qu'en autre guerre que nous voyons.

Que n'est tombée soubs Alexandre ou soubs ces anciens Grecs et Romains une si noble conqueste, et une si grande mutation et alteration de tant d'empires et de peuples soubs des mains qui eussent doucement poly et defriché ce qu'il y avoit de sauvage, et eussent conforté et promeu les bonnes semences que nature y avoit produit, meslant non seulement à la culture des terres et ornement des villes les arts de deçà, en tant qu'elles y eussent esté necessaires, mais aussi meslant les vertus Grecques et Romaines aux originelles du pays ! Quelle reparation eust-ce esté, et quel amendement à toute cette machine, que les premiers exemples et deportemens nostre qui se sont presentés par delà eussent appellé ces peuples à l'admiration et imitation de la vertu et eussent dressé entre eux et nous une fraternele societé et intelligence ! Combien il eust esté aisé de faire son profit d'ames si neuves, si affamées d'apprentissage, ayant pour la plus part de si beaux commencemens naturels !

Au rebours, nous nous sommes servis de leur ignorance et inexperience à les plier plus facilement vers la trahison, luxure, avarice et vers toute sorte d'inhumanité et de cruauté, à l'exemple et patron de nos meurs. Qui mit jamais à tel pris le service de la mercadence et de la trafique ? Tant de villes rasées, tant de nations exterminées, tant de millions de peuples passez au fil de l'espée, et la plus riche et belle partie du monde bouleversée pour la negotiation des perles et du poivre ! mechaniques victoires. Jamais n'avaient ni science ni matériau qui leur aurait permis, tout à loisir, de percer notre acier ; ajoutez-y les foudres et les tonnerres de nos pièces d'artillerie et de nos arquebuses, capables de troubler César même (qui se serait trouvé, face à elles, tout aussi inexpérimenté), et utilisées, pour l'heure, face à des populations nues, si l'on excepte, peut-être, l'invention de quelque tissu de coton, des populations sans autres armes, tout au plus, que des arcs, des pierres, des bâtons et des boucliers de bois ; des populations surprises, sous couleur d'amitié et de bonne foi, par la curiosité de voir des choses étrangères et inconnues : comptez, dis-je, aux conquérants cette disparité, vous leur ôtez l'occasion de tant de victoires.

Quand je considère cette ardeur indomptable avec laquelle tant de milliers d'hommes, de femmes et d'enfants se présentent et se précipitent si souvent pour affronter des dangers certains, pour la défense de leurs dieux et de leur liberté ; cette noble obstination pour endurer toutes les extrémités et les difficultés, et la mort, plutôt que de se soumettre à la domination de ceux par qui ils ont été si honteusement abusés, certains choisissant plutôt de se laisser défaillir de faim et de jeûne, étant prisonniers, que d'accepter la vie des mains de leurs ennemis, si bassement victorieuses, je prévois que, si on les eût attaqués à égalité d'armes, d'expérience et de nombre, on eût couru un aussi grand danger, et même plus grand, qu'en aucune autre guerre que nous voyons.

Que ne s'est produite sous Alexandre ou sous ces anciens Grecs et Romains une si noble conquête et une si grande mutation et transformation de tant d'empires et de peuples, sous des mains qui eussent doucement poli et défriché ce qu'il y avait de sauvage, et qui eussent fortifié et développé les bonnes semences que la nature y avait produites, mêlant non seulement à la culture des terres et à l'ornement des villes les arts de l'Occident, dans la mesure où ils y auraient été nécessaires, mais aussi mêlant les vertus grecques et romaines aux vertus originelles du pays ! Quel progrès c'eût été, et quelle évolution pour le monde entier, si les premiers exemples et les premiers actes que nous aurions présentés à ces pays eussent appelé ces peuples à l'admiration et à l'imitation de la vertu et eussent dressé entre eux et nous une fraternelle union et entente ! Combien il eût été aisé de tirer parti d'âmes si neuves, si affamées d'apprentissage, ayant pour la plupart de si beaux commencements naturels !

Au contraire nous nous sommes servis de leur ignorance et de leur inexpérience pour les plier plus facilement vers la trahison, la luxure, l'avarice et vers toute sorte d'inhumanité et de cruauté, à l'exemple et sur le patron de nos mœurs. Qui fit jamais payer un tel prix pour les profits du commerce et du trafic ? Tant de villes rasées, tant de nations exterminées, tant de millions de peuples passés au fil de l'épée, et la plus riche et belle partie du monde bouleversée pour la négociation des perles et du poivre ! brutales l'ambition, jamais les inimitiez publiques ne pousserent les hommes les uns contre les autres à si horribles hostilitez et calamitez si miserables.

En costoyant la mer à la queste de leurs mines, aucuns Espagnols prindrent terre en une contrée fertile et plaisante, fort habitée, et firent à ce peuple leurs remonstrances accoustumées : « Qu'ils estoient gens paisibles, venans de loingtains voyages, envoyez de la part du Roy de Castille, le plus grand Prince de la terre habitable, auquel le Pape, representant Dieu en terre, avoit donné la principauté de toutes les Indes ; que, s'ils vouloient luy estre tributaires, ils seroient très-benignement traictez ; leur demandoient des vivres pour leur nourriture et de l'or pour le besoing de quelque medecine ; leur remontroient au demeurant la creance d'un seul Dieu et la verité de nostre religion, laquelle ils leur conseilloient d'accepter, y adjoustans quelques menasses. »

La responce fut telle : « Que, quand à estre paisibles, ils n'en portoient pas la mine, s'ils l'estoient ; quand à leur Roy, puis qu'il demandoit, il devoit estre indigent et necessiteux ; et celuy qui luy avoit faict cette distribution, homme aymant dissention, d'aller donner à un tiers chose qui n'estoit pas sienne, pour le mettre en debat contre les anciens possesseurs ; quant aux vivres, qu'ils leur en fourniroient ; d'or, ils en avoient peu, et que c'estoit chose qu'ils mettoient en nulle estime, d'autant qu'elle estoit inutile au service de leur vie, là ou tout leur soin regardoit seulement à la passer heureusement et plaisamment ; pourtant, ce qu'ils en pourroient trouver, sauf ce qui estoit employé au service de leurs dieux, qu'ils le prinssent hardimemt ; quant à un seul Dieu, le discours leur en avoit pleu, mais qu'ils ne vouloient changer leur religion, s'en estans si utilement servis si long temps, et qu'ils n'avoient accoustumé prendre conseil que de leurs amis et connoissans ; quant aux menasses, c'estoit signe de faute de jugement d'aller menassant ceux desquels la nature et les moyens estoient inconneux ; ainsi qu'ils se despeschassent promptement de vuyder leur terre, car ils n'estoient pas accoustumez de prendre en bonne part les honnestetez et remonstrances de gens armez et estrangers ; autrement, qu'on feroit d'eux comme de ces autres », leur montrant les testes d'aucuns hommes justiciez autour de leur ville. Voilà un exemple de la balbucie de cette enfance. Mais tant y a que ny en ce lieu-là, ny en plusieurs autres, où les Espagnols ne trouverent les marchandises qu'ils cerchoient, ils ne feirent arrest ny entreprise, quelque autre commodité qu'il y eust, tesmoing mes Cannibales.

Des deux les plus puissans monarques de ce monde là, et, à l'avanture, de cettuy-cy, Roys de tant de Roys, les derniers qu'ils en chasserent, celuy du Peru, ayant esté pris en une bataille et mis à une rançon si excessive qu'elle surpasse toute creance, et celle là fidellement payée, et avoir donné par sa conversation signe d'un courage franc, liberal et constant, et d'un entendement net et bien victoires. Jamais l'ambition, jamais les inimitiés publiques ne poussèrent les hommes les uns contre les autres à de si horribles hostilités et à des calamités si misérables.

En côtoyant la mer à la recherche de leurs mines, des Espagnols débarquèrent en une contrée fertile et plaisante, très peuplée, et ils tinrent à ce peuple leurs discours accoutumées : « Qu'ils étaient des gens paisibles, venant de lointains voyages, envoyés de la part du roi de Castille, le plus grand prince de la terre habitable, auquel le Pape, représentant Dieu sur terre, avait donné la principauté de toutes les Indes ; que, s'ils voulaient lui être soumis, ils seraient très bénignement traités ; ils leur demandaient des vivres pour leur nourriture et de l'or pour le besoin de quelque médicament ; ils leur expliquaient au demeurant la croyance en seul Dieu et la vérité de notre religion, qu'ils leur conseillaient d'accepter, y ajoutant quelques menaces. »

La réponse fut telle : « Que, quant à être paisibles, ils n'en portaient pas la mine, s'ils l'étaient ; quand à leur roi, puisqu'il demandait, il devait être indigent et nécessiteux ; et quant à celui qui lui avait donné ce pouvoir, il devait être un homme aimant les dissensions, pour aller donner à un tiers une chose qui n'était pas sienne, le mettant ainsi en conflit avec les anciens possesseurs ; quant aux vivres, qu'ils leurs en fourniraient ; d'or ils en avaient peu, et c'était une chose à laquelle ils n'accordaient aucune valeur, d'autant qu'elle était inutile pour leur vie, alors même que tout leur soin visait à la passer heureusement et plaisamment ; pourtant, ce qu'ils en pourraient trouver, sauf ce qui était employé au service de leurs dieux, qu'ils le prissent sans crainte ; quant à un seul Dieu, le discours leur en avait plu, mais qu'ils ne voulaient pas changer leur religion, s'en étant si utilement servis si longtemps, et qu'ils n'avaient coutume de prendre conseil qu'auprès de leurs amis et de leurs connaissances ; quant aux menaces, c'était signe de manque de jugement de menacer ceux dont la nature et les moyens étaient inconnus ; ainsi qu'ils se dépêchassent promptement de quitter leur terre ; car ils n'étaient pas accoutumés à prendre en bonne part les amabilités et les remarques de gens armés et étrangers ; autrement, qu'on ferait d'eux comme de ces autres », leur montrant les têtes de certains hommes exécutés autour de leur ville. Voilà un exemple des balbutiements de cette enfance. Mais toujours est-il que, ni en ce lieu, ni en plusieurs autres, où les Espagnols ne trouvèrent pas les marchandises qu'ils cherchaient, ils ne prirent aucune décision de justice ni initiative guerrière, quelque avantage qu'ils auraient pu y trouver, comme en témoignent mes Cannibales.

Des deux plus puissants monarques de cet autre monde et, peut-être, du nôtre, rois de tant de rois et les derniers que les Espagnols en chassèrent, celui du Pérou ayant été fait prisonnier au cours d'une bataille et soumis à une rançon si excessive qu'elle dépasse tout ce que l'on peut imaginer – cette rançon ayant été loyalement payée –, et composé, il print envie aux vainqueurs après en avoir tiré un million trois cens vingt cinq mille cinq cens poisant d'or, outre l'argent et autres choses qui ne monterent pas moins, si que leurs chevaux n'alloient plus ferrez que d'or massif, de voir encores, au pris de quelque desloyauté que ce fut, quel pouvoit estre le reste des thresors de ce Roy, /// et jouyr librement de ce qu'il avoit reservé. // On luy apposta une fauce accusation et preuve, qu'il desseignoit de faire souslever ses provinces pour se remettre en liberté. Surquoy, par beau jugement de ceux mesme qui luy avoient dressé cette trahison, on le condemna à estre pendu et estranglé publiquement, luy ayant faict racheter le tourment d'esue bruslé tout vif par le baptesme qu'on luy donna au supplice mesme. Accident horrible et inouy, qu'il souffrit pourtant sans se démentir ny de contenance, ny de parole, d'une forme et gravité vrayement royalle. Et puis, pour endormir les peuples estonnez et transis de chose si estrange, on contrefit un grand deuil de sa mort, et luy ordonna l'on des somptueuses funerailles.

L'autre, Roy de Mexico, ayant long temps defendu sa ville assiegée et montré en ce siege tout ce que peut et la souffrance et la perseverance, si onques prince et peuple le montra, et son malheur l'ayant rendu vif entre les mains des ennemis, avec capitulation d'estre traité en Roy (aussi ne leur fit-il rien voir, en la prison, indigne de ce tiltre) ; ne trouvant poinct après cette victoire tout l'or qu'ils s'estoient promis, après avoir tout remué et tout fouillé, se mirent à en cercher des nouvelles par les plus aspres geines dequoy ils se peurent adviser, sur les prisonniers qu'ils tenoient. Mais, n'ayant rien profité, trouvant des courages plus forts que leurs torments, ils en vindrent en fin à telle rage que, contre leur foy et contre tout droict des gens, ils condamnerent le Roy mesme et l'un des principaux seigneurs de sa court à la geine en presence l'un de l'autre. Ce seigneur, se trouvant forcé de la douleur, environné de braziers ardens, tourna sur la fin piteusement sa veue vers son maistre, comme pour luy demander mercy de ce qu'il n'en pouvoit plus. Le Roy, plantant fierement et rigoureusement les yeux sur luy, pour reproche de sa lascheté et pusillanimité, luy dict seulement ces mots, d'une voix rude et ferme : « Et moy, suis-je dans un bain ? suis-je pas plus à mon aise que toy ? » Celuy-là, soudain après, succomba aux douleurs et mourut sur la place. Le Roy, à demy rosty, fut emporté de là, non tant par pitié (car quelle pitié toucha jamais des ames qui, pour la doubteuse information de quelque vase d'or à piller, fissent griller devant leurs yeux un homme, non qu'un Roy si grand et en fortune et en merite ?) mais ce fut que sa constance rendoit de plus en plus honteuse leur cruauté. Ils le pendirent depuis, ayant courageusement entrepris de se esprit clair et bien organisé, il prit envie aux vainqueurs, après en avoir tiré un million trois cent vingt cinq mille cinq cents fois son poids d'or, outre l'argent et d'autres choses qui ne se montèrent pas à moins, si bien que leur chevaux n'étaient plus ferrés que d'or massif, de voir encore, au prix de quelque déloyauté que ce fût, quel pouvait être le reste des trésors de ce roi et de disposer librement de ce qu'il avait mis en réserve. On fit peser sur lui une fausse accusation et un faux témoignage, suivant lesquels il projetait de faire se soulever ses provinces pour retrouver la liberté. Sur quoi, par un beau jugement de ceux mêmes qui lui avait imputé cette trahison, on le condamna à être pendu et étranglé publiquement, lui ayant accordé comme consolation, pour la torture consistant à être brûlé vif, le baptême qu'on lui donna au cours du supplice même. Sort horrible et inouï, qu'il supporta pourtant sans se renier ni par la contenance ni par la parole, d'une façon et d'une noblesse vraiment royales. Et puis, pour endormir la population, frappée et stupéfiée par une chose si inhabituelle, on simula un grand deuil pour sa mort et on lui ordonna de somptueuses funérailles.

L'autre, roi de Mexico, ayant longtemps défendu sa ville assiégée et montré au cours de ce siège tout ce que peuvent et l'endurance et la persévérance, si jamais prince et peuple le montrèrent, et, pour son malheur, ayant été pris vivant par ses ennemis, avec pour convention d'être traité en roi (aussi ne leur fit-il rien voir, en prison, qui fût indigne de ce titre) ; et les Espagnols ne trouvant point après cette victoire tout l'or qu'ils s'étaient promis, après avoir tout remué et tout fouillé, ils se mirent à chercher à obtenir des renseignements par les plus âpres tortures auxquelles ils purent songer, auprès des prisonniers qu'ils tenaient en leur pouvoir. Mais, n'en ayant tiré aucun profit, trouvant des cœurs plus forts que leurs tortures, ils en éprouvèrent enfin une telle rage que, contre leur foi et contre tout droit des gens, ils condamnèrent le roi même et l'un des principaux seigneurs de sa cour à la torture en présence l'un de l'autre. Ce seigneur, se trouvant accablé de douleur, environné de brasiers ardents, tourna à la fin piteusement son regard vers son maître, comme pour lui demander pardon de ne plus pouvoir résister. Le roi, plantant fièrement et avec sévérité les yeux sur lui, en reproche de sa lâcheté et de sa pusillanimité, lui dit seulement ces mots, d'une voix ferme et rude : « Et moi, suis-je dans un bain ? ne suis-je pas plus à l'aise que toi ? » L'autre, aussitôt après, succomba à ses douleurs et mourut sur-le-champ. Le roi, à demi-rôti, fut conduit à l'écart, non tant par pitié (car quelle pitié toucha jamais des âmes capables, pour un douteux renseignement sur quelque vase d'or à piller, de faire griller devant leurs yeux un homme, qui plus est un roi si grand en fortune et en mérite), mais ce fut parce que sa constance rendait de plus en plus honteuse leur cruauté. Ils le pendirent plus tard, alors qu'il avait essayé courageusement de se délivrer par les armes d'une si delivrer par armes d'une si longue captivité et subjection, où il fit sa fin digne d'un magnanime prince.

A une autre fois, ils mirent brusler pour un coup, en mesme feu, quatre cens soixante hommes tous vifs, les quatre cens du commun peuple, les soixante des principaux seigneurs d'une province, prisonniers de guerre simplement. Nous tenons d'eux-mesmes ces narrations, car ils ne les advouent pas seulement, ils s'en ventent et les preschent. Seroit-ce pour tesmoignage de leur justice ? ou zele envers la religion ? Certes, ce sont voyes trop diverses et ennemies d'une si saincte fin. S'ils se fussent proposés d'estendre nostre foy, ils eussent consideré que ce n'est pas en possession de terres qu'elle s'amplifie, mais en possession d'hommes, et se fussent trop contentez des meurtres que la necessité de la guerre apporte, sans y mesler indifferemment une boucherie, comme sur des bestes sauvages, universelle, autant que le fer et le feu y ont peu attaindre, n'en ayant conservé par leur dessein qu'autant qu'ils en ont voulu faire de miserables esclaves pour l'ouvrage et service de leurs minieres ; si que plusieurs des chefs ont esté punis à mort, sur les lieux de leur conqueste, par ordonnance des Rois de Castille, justement offencez de l'horreur de leurs deportemens et quasi tous desestimez et mal-voulus. Dieu a meritoirement permis que ces grands pillages se soient absorbez par la mer en les transportant, ou par les guerres intestines dequoy ils se sont entremangez entre eux, et la plus part s'enterrerent sur les lieux, sans aucun fruict de leur victoire.

Quant à ce que la recepte, et entre les mains d'un prince mesnager et prudent, respond si peu à l'esperance qu'on en donna à ses predecesseurs, et à cette premiere abondance de richesses qu'on rencontra à l'abord de ces nouvelles terres (car, encore qu'on en retire beaucoup, nous voyons que ce n'est rien au pris de ce qui s'en devoit attendre), c'est que l'usage de la monnoye estoit entierement inconneu, et que par consequent leur or se trouva tout assemblé, n'estant en autre service que de montre et de parade, comme un meuble reservé de pere en fils par plusieurs puissants Roys, qui espuisoient tousjours leurs mines pour faire ce grand monceau de vases et statues à l'ornement de leurs palais et de leurs temples, au lieu que nostre or est tout en emploite et en commerce. Nous le menuisons et alterons en mille formes, l'espandons et dispersons. Imaginons que nos Roys amoncelassent ainsi tout l'or qu'ils pourroient trouver en plusieurs siecles, et le gardassent immobile.

Ceux du Royaume de Mexico estoient aucunement plus civilisez et plus artistes que n'estoient les autres nations de là. Aussi jugeoient-ils, ainsi que nous, que l'univers fut proche de sa fin, et en prindrent pour signe la desolation que nous y apportames. Ils croyoyent que l'estre du monde se depart en cinq aages et en la vie de cinq soleils longue captivité et sujétion, geste par lequel il rendit sa fin digne d'un magnanime prince.

Une autre fois, ils mirent à brûler en une seule fois, dans le même feu, quatre cent soixante hommes tout vifs, quatre cents hommes du peuple et soixante pris parmi les principaux seigneurs d'une province, simplement prisonniers de guerre. Nous tenons d'eux-mêmes ces récits, car ils ne les avouent pas seulement, ils s'en vantent et les prônent. Serait-ce comme témoignage de leur justice ? ou zèle envers la religion ? Certes, ce sont des voies trop éloignées et trop ennemies d'une si sainte fin. S'ils se fussent proposés d'étendre notre foi, ils eussent considéré que ce n'est pas par la possession des terres qu'elle se répand, mais par la possession des hommes, et ils se fussent largement contentés des meurtres que la nécessité de la guerre entraîne, sans y mêler une boucherie indistincte, comme sur des bêtes sauvages, universelle, autant que le fer et le feu l'ont permis, n'ayant épargné qu'autant d'hommes qu'il leur fallait pour en faire de misérables esclaves pour le travail et l'exploitation de leurs mines ; si bien que plusieurs des chefs ont été punis de mort, sur les lieux de leur conquête, par ordonnance des rois de Castille, justement indignés par l'horreur de leur conduite, et presque tous déshonorés et détestés. Dieu a justement permis que ces grands pillages soient engloutis par la mer pendant leur transport, ou par les guerres intestines dans lesquelles ils se sont entre-dévorés, et la plupart périrent sur place, sans aucun fruit de leur victoire.

Quant au fait que la recette, pourtant entre les mains d'un prince économe et prudent, correspond si peu à l'espérance qu'on en donna à ses prédécesseurs et à cette première abondance de richesses qu'on rencontra en abordant dans ces nouvelles terres (car, encore qu'on en retire beaucoup, nous voyons que ce n'est rien par rapport à ce qu'on pouvait en attendre), cela tient à ce que l'usage de la monnaie était entièrement inconnu, et que par conséquent leur or se trouva tout assemblé, n'étant utilisé que pour le spectacle et la parade, comme un bien conservé de père en fils par plusieurs puissants rois, qui épuisaient toujours leurs mines pour faire ce grand monceau de vases et statues en vue de l'ornement de leurs palais et de leurs temples, alors que notre or passe entièrement en achat et en commerce. Nous le détaillons et lui faisons subir mille transformations, nous le répandons et le dispersons. Imaginons que nos rois amoncellent ainsi tout l'or qu'ils pourraient trouver pendant plusieurs siècles et qu'ils le gardent immobilisé.

Les habitants du royaume de Mexico étaient, dans une certaine mesure, plus civilisés et plus artistes que n'étaient les autres peuples de ces pays. Aussi jugeaient-ils, ainsi que nous, que l'univers était proche de sa fin, et ils en prirent pour signe les destructions que nous y apportâmes. Ils croyaient que l'existence du monde se partage consecutifs, desquels les quatre avoient desjà fourny leur temps, et que celuy qui leur esclairoit estoit le cinquiesme. Le premier perit avec toutes les autres creatures par universelle inondation d'eaux ; le second, par la cheute du ciel sur nous, qui estouffa toute chose vivante, auquel aage ils assignent les geants, et en firent voir aux Espagnols des ossements à la proportion desquels la stature des hommes revenoit à vingt paumes de hauteur ; le troisiesme, par feu qui embrasa et consuma tout ; le quatriesme, par une émotion d'air et de vent qui abbatit jusques à plusieurs montaignes ; les hommes n'en moururent poinct, mais ils furent changez en magots (quelles impressions ne souffre la làcheté de l'humaine creance !) ; après la mort de ce quatriesme Soleil, le monde fut vingt-cinq ans en perpetuelles tenebres, au quinziesme desquels fut creé un homme et une femme qui refeirent l'humaine race ; dix ans après, à certain de leurs jours, le Soleil parut nouvellement creé ; et commence, depuis, le compte de leurs années par ce jour là. Le troisiesme jour de sa creation, moururent les Dieux anciens ; les nouveaux sont nays depuis, du jour à la journée. Ce qu'ils estiment de la maniere que ce dernier Soleil perira, mon autheur n'en a rien appris. Mais leur nombre de ce quatriesme changement rencontre à cette grande conjonction des astres qui produisit, il y a huict cens tant d'ans, selon que les Astrologiens estiment, plusieurs grandes alterations et nouvelletez au monde.

Quant à la pompe et magnificence, par où je suis entré en ce propos, ny Græce, ny Romme, ny Ægypte ne peut, soit en utilité, ou difficulté, ou noblesse, comparer aucun de ses ouvrages au chemin qui se voit au Peru, dressé par les Roys du pays, depuis la ville de Quito jusques à celle de Cusco (il y a trois cens lieuës), droict, uny, large de vingt-cinq pas, pavé, revestu de costé et d'autre de belles et hautes murailles, et le long d'icelles, par le dedans, deux ruisseaux perennes, bordez de beaux arbres qu'ils nomment molly. Où ils ont trouvé des montaignes et rochers ils les ont taillez et applanis, et comblé les fondrieres de pierre et chaux. Au chef de chasque journée, il y a de beaux palais fournis de vivres, de vestements et d'armes, tant pour les voyageurs que pour les armées qui ont à y passer. En l'estimation de cet ouvrage, j'ay compté la difficulté, qui est particulierement considerable en ce lieu là. Ils ne bastissoient poinct de moindres pierres que de dix pieds en carré ; ils n'avoient autre moyen de charrier qu'à force de bras, en traînant leur charge ; et pas seulement l'art d'eschafauder, n'y sçachant autre finesse que de hausser autant de terre contre leur bastiment, comme il s'esleve, pour l'oster après.

Retombons à nos coches. En leur place, et de toute autre voiture, ils se faisoient porter par les hommes et sur leurs espaules. Ce dernier Roy du Peru, le jour qu'il fut pris, en cinq périodes et en la vie de cinq soleils consécutifs, dont quatre avait déjà fait leur temps, et que celui qui les éclairait était le cinquième. Le premier périt avec toutes les autres créatures par suite d'une universelle inondation ; le second par la chute du ciel sur nous, qui étouffa toute chose vivante, époque à laquelle ils situent l'existence des géants, dont ils firent voir aux Espagnols des ossements en proportion desquels la stature des hommes se ramenait à vingt paumes de hauteur ; le troisième, par un feu qui embrasa et consuma tout ; le quatrième, par un mouvement d'air et de vent qui abattit jusqu'à plusieurs montagnes ; les hommes n'en moururent point, mais ils furent changés en singes (à quelles idées la faiblesse de l'humaine crédulité ne se soumet-elle pas !) ; après la mort de ce quatrième soleil, le monde demeura vingt-cinq ans dans de perpétuelles ténèbres, la quinzième année étant créés un homme et une femme qui refirent l'humaine race ; dix ans après, un certain jour selon leur calendrier, le soleil parut, nouvellement créé ; et c'est, depuis, par ce jour-là que commence le décompte de leurs années. Le troisième jour de sa création moururent les dieux anciens ; les nouveaux sont nés ensuite en un seul jour. Ce qu'ils pensent de la manière dont ce dernier soleil périra, mon auteur n'en a rien appris. Mais leur datation de ce quatrième changement correspond à cette grande conjonction des astres qui produisit, il y a environ huit cents ans, selon les estimations des astrologues, plusieurs grandes transformations et nouveautés dans le monde.

Quant à la pompe et à la magnificence, par où j'ai commencé ces considérations, ni la Grèce, ni Rome, ni l'Égypte, ne peut, soit en utilité, soit en difficulté, soit en majesté, comparer aucun de ses ouvrages au chemin que l'on voit au Pérou, construit par les rois du pays, depuis la ville de Quito jusqu'à celle de Cusco (trois cents lieues les séparent), droit, uni, large de vingt-cinq pas, pavé, orné de chaque côté de belles et hautes murailles, et le long de celles-ci, à l'intérieur, deux ruisseaux coulant continuellement, bordés de beaux arbres qu'ils nomment « molly ». Là où ils ont trouvé des montagnes et des rochers, ils les ont taillés et aplanis, et ils ont comblé les fondrières de pierre et de chaux. Au début de chaque étape, il y a de beaux palais approvisionnés en vivres, en vêtements et en armes, tant pour les voyageurs que pour les armées qui ont à y passer. Dans l'estimation de la valeur cet ouvrage, j'ai tenu compte de la difficulté, qui est particulièrement considérable en ce lieu. Ils ne bâtissaient qu'avec des pierres dont les plus petites faisaient dix pieds carrés ; ils n'avaient d'autre moyen de transport des matériaux que la force des bras, en traînant leur charge ; et ils ne possédaient même pas l'art d'échafauder, ne connaissant d'autre technique que d'élever contre leur ouvrage un remblai de terre, au fur et à mesure de sa construction, pour l'ôter après.

Revenons à nos coches. A leur place, et pour tout moyen de transport, ils se faisaient porter par les hommes et sur leurs épaules. Ce dernier roi du Pérou, le jour où il estoit ainsi porté sur des brancus d'or, et assis dans une cheze d'or, au milieu de sa bataille. Autant qu'on tuoit de ces porteurs pour le faire choir à bas, (car on le vouloit prendre vif), autant d'autres, et à l'envy, prenoient la place des morts, de façon qu'on ne le peut onques abbatre, quelque meurtre qu'on fit de ces gens là, jusques à ce qu'un homme de cheval l'alla saisir au corps, et l'avalla par terre.

fut fait prisonnier, était ainsi assis dans une chaise d'or, en pleine bataille. A mesure que l'on tuait de ces porteurs pour le faire tomber (car on voulait le prendre vivant), d'autres, et avec zèle, prenaient la place des morts, de façon qu'on ne le pût jamais abattre, quel que fût le nombre que l'on en massacrât, jusqu'à ce qu'un homme à cheval le saisît au corps et le fît tomber par terre.

LEXIQUE DES MOTS DIFFICILES

Les mots et expressions suivants sont ceux du texte original et sont expliqués dans leur sens contextuel. Leur acception et leur orthographe peuvent varier dans d'autres chapitres des Essais.

A

acquêt	gain
admirable	étonnant
âge doré	période d'innocence et de bonheur dans laquelle, selon le mythe grec, l'homme a vécu, avant de connaître une progressive décadence à travers les âges d'argent, d'airain et de fer
ains	mais
alléguer	mentionner
altération	changement
amitié	amour
amuser à (s')	s'occuper à
anacréontique	digne d'Anacréon, poète lyrique grec du VIe s. av. J.C.
apointé	effilé
apposter	imputer
apprester	procurer
arene	sable
arrest	décision (de justice)
art	technique, art
assener	accorder, distribuer
assiette	posture, situation
assis	établi
asteure	à cette heure, aujourd'hui
à tout	avec
atterrer	terrasser
aucunement (sans négation)	dans une certaine mesure, d'une certaine manière
aucuns (sans négation)	certains
autant (d')	abondamment
avancer	privilégier, favoriser
avarice	avidité

B

balbutie	balbutiement
barbaresque	barbare
batelage	tour de bateleur, ruses
besogne (mettre en)	faire usage
bled	céréale
bouche	débouché, sortie
boursier	trésorier
braverie	assurance, fermeté

C

capable de	pouvant contenir, supporter, suffire à
cadet	jeune gentilhomme accomplissant un service militaire
capacité	grand espace

carreau	coussin
chair	viande
charriote	charrette
chassieux	atteint de chassie, substance jaunâtre qui s'accumule sur le bord des paupières
chatouilleux	délicat, difficile
chef	début
chevance	fortune
clause	phrase
coche	ancêtre de la diligence, carrosse, char
cœur	courage
cognoissants	connaissances, amis
commerce	fréquentation, relation
commune	peuple (au sens social, par opposition aux seigneurs)
compte	conte, récit
conforter	fortifier
continent	rattaché
contremont	en l'air, vers le haut
courage	cœur
créance	crédulité, croyance
curieusement	soigneusement

D

débat (être en)	se battre
déclinaison	déclin
défaut	absence
demeurant	reste
démon	divinité qui guide et protège
départir (se)	se partager
déportement	comportement, acte
dès lors en avant	dorénavant
désestimé	déshonoré
despescher	envoyer une lettre
desseigner	projeter
desservir	servir
détraction	médisance
détranchement	découpage
deux (n'en pas faire à)	dire quelque chose clairement
duire	convenir
duit	habitué, exercé

E

échelon	gradin
également	avec régularité
émerveillable	étonnant, admirable
émotion	ébranlement, mouvement
emploite	achat
encrouter	incruster
enforger	enchaîner
entre	parmi, chez
entretenir (quelqu'un)	parler à (quelqu'un)
envi (à l')	à l'égal, avec zèle
épandre	répandre
épartir	répartir, disposer
épaule (faire)	aider
escient (à bon)	décidément, véritablement
espouventable	extraordinaire, stupéfiante
estimation	évaluation, appréciation
estonnement	stupeur
estour	combat

F

façon	façon d'être
faillir	manquer, oublier, négliger

fantaisie	idée, pensée
faucer	percer
faute de (avoir)	manquer de
flanquer	protéger sur les flancs
fontaine	source
force (faire)	faire violence
freschement	récemment
fruit	production, profit
fumeux	enivrant

G

galliotte	petite galère
garce	femme
geéne	torture, supplice
généreux	noble
giron	genoux (de la mère)
grangée	habitants d'une même grange

H

habitation (de la terre)	disposition, agencement
haut-de-chausses	vêtement couvrant le corps de la ceinture aux genoux
honnesteté	amabilité, civilité

I

icelle	celle-ci
impost	impotent
impression	imprimerie, influence
inclination	déclin
industrie	habileté
inouï	inconnu
intérest (à son)	à ses dépens

J

jalousie de	zèle pour
jour (faire)	ouvrir une brèche
journée	étape, voyage
juridiciant	celui qui juge
juridicié	celui qui est jugé
jurisdiction	justice

L

labourer	orner, ouvrager
lairrait (elle)	elle laisserait
leçon	formation
levée	digue
lieue	environ quatre kilomètres
lors	alors, à ce moment

M

magot	singe
mal-voulu	détesté
malice	méchanceté
manier	connaître, comprendre, s'occuper de
marry	fâché
méchanique	brutal
mécompter (se)	se tromper
médecine	médicament
membru	peuplé
ménestrier	musicien
menuiser	rendre menu, détailler
mercadence	commerce

méritoirement	justement
merveilleux	étonnant, extraordinaire
mesnager	économe
meurtre	mort
meurtrir	tuer
minière	mine
mire	critère
mode (à la)	à la façon
molly	espèce d'ail
montjoie	amas
montre	spectacle, parade
mousse	émoussé
munificence	générosité (souvent excessive)

N

naifveté	nature, état naturel
nation	peuple (au sens de communauté partageant le même territoire, la même langue et les mêmes mœurs)
nouvelleté	nouveauté

O

occasion (sans)	sans raison
offenser	atteindre, toucher
oncques	jamais
outre	loin
ouy bien	mais bien

P

pair à pair	d'égal à égal
par tel si que	à cette condition que
pas	passage
patron	modèle
pavesade	ensemble de boucliers disposés pour servir de protection
peinture (de même cette)	de la même façon
pérenne	perpétuel
peuples	populations
piller (des animaux)	chasser au javelot
pied	unité de mesure (environ 32 cm)
piper	tromper
pointe	assaut
poisant	important, déterminant – poids
police	état, gouvernement
pompe	procession
portefaix	porteur de fardeaux
pra(c)tiquer	rencontrer, fréquenter, séduire
pris de (au)	en comparaison de
privé	particulier
progrès	processus, mouvement
promouvoir	développer

Q

quant et	avec
quant et quant	en même temps, avec

R

raide	fort, solide
rassis	pondéré; calme
rebours (au)	au contraire
réciter	citer
recueil	accueil
réformation	réfection réparation

rejeter (se)	se jeter
relâcher	abandonner, céder
remontrance	déclaration, discours
remontrer	déclarer, expliquer
rencontre (par, de)	par hasard
réparation	amélioration
représenter	décrire
résoudre que (se)	constater que
resserrer (se)	se refermer
retirer à	ressembler à
retomber	revenir
rets	filets
roder	tourner
rondelier	homme porteur d'une rondache, grand bouclier circulaire
route	déroute

S

science	connaissance
service	esclavage
sibylle	prophétesse inspirée par Apollon
si est-ce que	toujours est-il que
si pourtant	pourtant
si que	si bien que
solemne	grandiose
soudain	aussitôt
soudure	communauté, relations
souffrir	supporter
soustenir	arrêter, défendre
storax	réside odoriférante
subjuguer	soumettre
suffisance	capacité, mérite, habileté

T

tant il y a	toujours est-il
taster	goûter
tenir	contenir, posséder
tiercement	troisièmement
tissu	tissé
tissure	tissage, toile (d'araignée)
touche	pierre de touche
touer	remorquer, haler
tourmens	tortures
trétous	tous
tributaire	soumis
truchement	interprète
tuition	protection

U

uberté	abondance, fécondité
usances	usages, coutumes

V

vergogne	honte
vermillon	fine poudre de couleur rouge vif
verset	vers
vertu	courage, qualité, valeur
viande	nourriture
voiture	moyen de transport
volontiers	généralement

INDEX DES NOMS PROPRES

Alcibiade général athénien, élève de Socrate (450-404 av. J.C.)

Alexandre roi de Macédoine, fils de Philippe, élève d'Aristote (356-323 av. J.C.)

Aristote philosophe grec, précepteur d'Alexandre le Grand, fondateur de l'école péripatéticienne, dite du Lycée (384-322 av. J.C.). Quelques œuvres : *La Poétique, La Métaphysique, L'Éthique à Nicomaque, La Politique*

Arsac (sieur d') Thomas de Montaigne, né le 17 mai 1534, frère de Michel

Atlantide île légendaire de l'Atlantique, jadis engloutie, dont parle Platon

Auguste empereur romain, petit-neveu et héritier de Jules César (63 av.-14 ap. J.C.). Après lui, « Auguste » est le titre porté par les empereurs romains

Bacchus dieu romain du vin, fils de Jupiter et de Sémélé (Dionysos chez les Grecs)

Catherine (de Médicis) fille de Laurent de Médicis, reine de France, épouse de Henri II, mère de François II, Charles IX et Henri III (1519-1589)

César général et homme politique romain, auteur de *La Guerre des Gaules* et de *La Guerre civile* (100-44 av. J.C.)

Charles IX fils de Henri II et Catherine de Médicis, roi de France à partir de 1560 (1550-1574)

Chrysippe philosophe grec, troisième maître de l'Ancien Stoïcisme (281-205 av. J.C.)

Crésus dernier roi de Lydie, célèbre par sa richesse fondée sur l'or de la rivière Pactole (560-548 av. J.C.)

Cusco (ou Cuzco) ville du Pérou, dans les Andes, ancienne capitale des Incas

Cybèle fille du Ciel, déesse de la terre et de l'agriculture, mère de Jupiter, appelée « Grande Mère »

Cyrus roi de Perse de 558 à 528 av. J.C., vainqueur de Crésus

Dejotarus gouverneur de Galatie (Asie Mineure) (Ier s. av. J.C.)

Démosthène orateur athénien, partisan d'une politique de fermeté contre Philippe de Macédoine, auteur des *Philippiques* et des *Corinthiennes* (384-322 av. J.C.)

Denys (l'Ancien) tyran de Syracuse de 405 à 368 av. J.C.

Épicure philosophe grec, fondateur de l'épicurisme (341-270 av. J.C.)

Flaminius général et homme politique romain, vainqueur de Philippe V, roi de Macédoine (229-174 av. J.C.)

France Antarctique Brésil

Galba empereur romain (pendant sept mois), successeur de Néron (3 av.-69 ap. J.C.)

Grégoire XIII pape de 1572 à 1585

Héliogabale empereur romain de 218 à 222

Isocrate orateur athénien, partisan de l'union de tous les grecs contre les Perses, auteur du *Panégyrique* d'Athènes et d'un discours *Sur la Paix* (436-338 av. J.C.)

Jacob patriarche hébreu, fils d'Isaac et de Rébecca, frère d'Esaü, personnage de l'Ancien Testament

Lachès général athénien, mort en 418 av. J.C. au cours de la bataille de Mantinée en Arcadie

Léonidas roi de Sparte de 490 à 480 av. J.C., tué avec trois cents Spartiates, par les Perses, aux Thermopyles

Lia une des épouses de Jacob, personnage de l'Ancien Testament

Livie épouse d'Auguste, mère de Tibère (56 av.-29 ap. J.C.)

Lycurgue fondateur légendaire de la constitution de Sparte

Marc Antoine général romain, neveu de César, vaincu par Octave à Actium en 31 av. J.C. (83-30 av. J.C.)

Mer Majour Mer Noire

Mycale site d'Ionie, victoire navale des Grecs sur les Perses en 479 av. J.C.

Négrepont Eubée (grande île grecque)

Philippe II roi de Macédoine, père d'Alexandre (~382-336 av. J.C.)

Philippe V roi de Macédoine, vaincu par Flaminius à Cynoscéphales en 197 av. J.C. (~237-179 av. J.C.)

Platées ville de Béotie, victoire grecque sur les Perses en 479 av. J.C.

Platon philosophe grec, élève de Socrate, fondateur de l'« Académie » (~427-347 av. J.C.).

	Quelques œuvres : *Apologie de Socrate*, *Phèdre*, *Le Banquet*, *Protagoras*, *La République*
Plutarque	historien et moraliste grec, auteur notamment des *Vies parallèles des hommes illustres* (~45-~125)
Probus	empereur romain de 276 à 282
Pyrrhus	roi d'Épire, remporta des victoires coûteuses contre les Romains (~318-272 av. J.C.)
Quito	capitale de l'Équateur
Rachel	une des épouses de Jacob, personnage de l'Ancien Testament
Salamine	île grecque, victoire navale des Grecs contre les Perses en 480 av. J.C.
Sara	épouse d'Abraham, mère d'Isaac, personnage de l'Ancien Testament
Socrate	philosophe grec (468-399 av.J.C.). Ses idées ne nous sont connues que par ses disciples ou ses ennemis. Condamné à mort pour avoir « honoré d'autres dieux que ceux de la cité » et « corrompu la jeunesse »
Solon	législateur d'Athènes, un des « sept sages » de la Grèce (640-558 av. J.C.):
Suidas	grammairien et lexicographe grec du Xe siècle
Théophraste	philosophe grec, successeur d'Aristote à la tête du Lycée (~372-287 av. J.C.)
Thermopyles	défilé de Thessalie, défaite de Sparte contre les Perses en 480 av. J.C.
Villegagnon	amiral français (~1510-1571) qui fonda une colonie protestante dans la baie de Rio en 1555
Zénon (de Citium)	philosophe grec, fondateur du Stoïcisme (~335-~265 av. J.C.)

INDEX DES AUTEURS DES CITATIONS

Calpurnius poète latin (Ier s. ap. J.C.), auteur d'*Églogues*

Cicéron orateur, homme politique (consul) et écrivain latin (106-43 av. J.C). Parmi ses œuvres : *L'Orateur, Les Catilinaires, La République, Les Fins dernières du bien et du mal, Les Devoirs, La Vieillesse, L'Amitié*...

Juste Lipse philologue belge (1547-1606), auteur des *Politiques*

Juvénal poète satirique latin, auteur des *Satires* (~42-~125)

Lucrèce poète latin, auteur du *De natura rerum* (*La Nature*), poème didactique d'inspiration épicurienne (~98-55 av. J.C.)

Martial poète latin, auteur d'*Épigrammes* (~40-~104)

Properce poète latin, auteur d'*Élégies* (~47-~15 av. J.C.)

Sénèque philosophe (stoïcien) et dramaturge latin, précepteur de Néron (~1 av. J.C.-65). Parmi ses œuvres : *La Brièveté de la vie, La Tranquillité de l'âme, La Vie heureuse, Lettres à Lucilius, Médée, Phèdre*...

Tite-Live historien latin (~60 av. J.C.-17), auteur de *L'Histoire romaine*

Virgile poète latin (70-19 av. J.C.), auteur des *Bucoliques*, des *Géorgiques* et de *L'Énéide*

N.B. La citation grecque du début de l'essai III, 6 est un vers de la poétesse grecque Corinne (Ve s. av. J.C.) citée par Plutarque (voir index des noms propres).

CHOIX BIBLIOGRAPHIQUE

1. SUR LA CONQUÊTE ESPAGNOLE

Pierre CHAUNU : *Conquête et exploitation des nouveaux Mondes* ; « Nouvelle Clio ».

Marianne MAHN-LOT : *La Conquête de l'Amérique espagnole* ; PUF ; « Que sais-je ? ».

2. SUR MONTAIGNE

2.1. Biographie

Jean PRÉVOST : *La Vie de Montaigne* ; Zulma « Essai » (un ouvrage de jeunesse renié par son auteur, mais qui n'en reste pas moins une brillante introduction à Montaigne avec qui Jean Prévost sympathise visiblement).

Stefan ZWEIG : *Montaigne* ; PUF (écrit pendant l'exil brésilien de Zweig, en 1942 : comment vivre libre dans un monde où règne la folie meurtrière ?).

2.2 Études générales

Robert AULOTTE : *Montaigne : « Essais »* ; P.U.F. « Que sais-je ? » (à la fois biographie et réflexion sur le fond et la forme des *Essais*).

Yvonne BELLENGER : *Montaigne. Une fête pour l'esprit* ; Balland (tour d'horizon sur Montaigne et son œuvre).

André GIDE : *Essai sur Montaigne* ; Gallimard ; « La Pléiade » (sur le ton de la confidence, le souci de « désemmitoufler » et d'« acérer » les idées de Montaigne).

Francis JEANSON : *Montaigne* ; Seuil ; « Écrivains de toujours ».

Alexandre MICHA : *Le Singulier Montaigne* ; Nizet (soutient la thèse de « l'unité de Montaigne » contre ceux, qui, comme Villey, soulignent les évolutions de sa pensée).

Jean STAROBINSKI : *Montaigne en mouvement* ; Gallimard (étude en profondeur par le maître de la « critique de la conscience » qui s'attache à saisir « l'itinéraire du sens » fondé sur la « contestation du maléfice de l'apparence » ; le chapitre « L'économie du mouvement » souligne notamment la prédominance du rythme ternaire dans les *Essais* : trois livres, trois cannibales qui font trois réponses au roi, trois questions posées par Montaigne à l'un des cannibales, etc.).

Pierre VILLEY : *Les « Essais » de Montaigne* ; Nizet (étude des sources, de l'évolution, de l'art de Montaigne).

2.3. Études plus spécialisées

Michel BUTOR : *Essais sur les « Essais »* ; Gallimard ; « NRF essais » (des perspectives stimulantes et audacieuses – mais pas toujours convaincantes – sur la structure des *Essais*).

Gisèle MATHIEU-CASTELLANI : *Montaigne : l'écriture de l'essai* ; PUF ; « Écrivains » (sur le style et la démarche d'écriture des *Essais*, le rôle de la « folie » et l'importance du corps).

Olivier POT : *L'Inquiétante Étrangeté* ; Honoré Champion (notamment une vingtaine de pages consacrées au chapitre « des coches » pour montrer que cet essai, considéré comme un cas-limite de désordre, est loin d'être aussi aléatoire qu'on le pense ; par ailleurs une étude de la « mélancolie » créatrice chez Montaigne).

Pierre VILLEY : *Les sources et l'évolution des « Essais » de Montaigne* ; Hachette (ouvrage de référence, très solidement documenté, mais dont la thèse – Montaigne d'abord stoïcien, puis sceptique, enfin épicurien – est aujourd'hui contestée).

Aubin IMPRIMEUR Ligugé, D.L. : octobre 2007 / Impr. : 1608.0059